Die große Handarbeits-Schule für Kids

Strickliesel • Pompons • Filzen • Häkeln • Stricken • Sticken • Nähen

OZ creativ

Inhalt

So lernst du Häkeln 74

So lernst du Stricken 94

So lernst du Sticken 112

So lernst du Nähen 122

Vorlagen 136

Impressum 142

So machst du Fingerschnüre

Es gibt ganz viele verschiedene Wollarten. Zum Anfangen eignet sich eine reine Wolle mit dickem Wollfaden am besten.

Jetzt solltest du deine Finger zum Einstieg schön locker machen. Versuch doch mal, auf einem unsichtbaren Klavier zu spielen – und los geht's.

Wickle die Wolle, wie auf dem Bild gezeigt, um die Finger. Du führst den Wollfaden zwischen kleinem Finger und Ringfinger hindurch – auf der Handinnenseite an Ring- und Mittelfinger vorbei. Dann legst du eine Schlaufe um den Daumen.

Jetzt klappst du deinen Mittel-, Ring- und kleinen Finger auf die Handfläche herunter und hältst damit den Faden, der zum Wollknäuel führt, fest.

Nun kommt deine rechte Hand ins Spiel: Du schiebst den Zeigefinger der rechten Hand durch die Wollschlaufe, die du vorhin um den Daumen gelegt hast.

Jetzt kannst du mit der Fingerspitze den Faden, der um den Zeigefinger der linken Hand geschlungen ist, durch die Wollschlaufe ziehen.

Beim Fadendurchziehen entsteht eine neue Schlaufe! Und das ist schon die erste Schlaufe deiner Fingerschnur!

Ziehe den Wollfaden weiter durch die erste Schlaufe, bis die neu entstandene Schlaufe eine Größe von etwa 2 cm hat. Nun lässt du die erste fertige Wollschlaufe von deinem Daumen gleiten. Diese Schlaufe bleibt auf deinem rechten Zeigefinger!

Die Schlaufe kannst du nach Bedarf kleiner und größer ziehen. Wechsle den Faden. Dein Daumen und Mittelfinger halten das kurze Ende deiner Wolle fest. Das lange Ende läuft über deinen linken Zeigefinger.

Jetzt kriechen dein Daumen und dein Zeigefinger durch die Schlaufe.

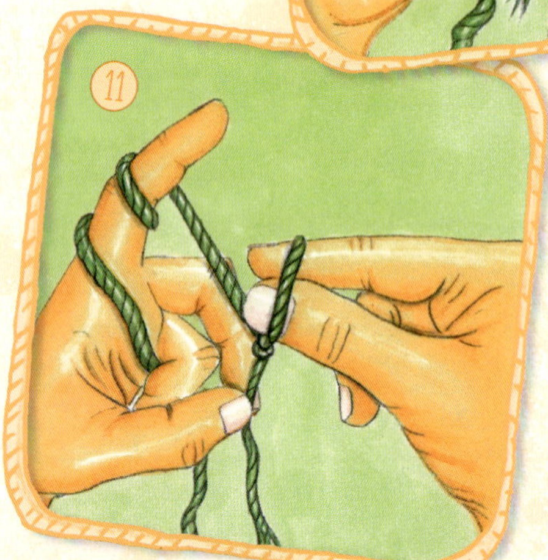

Den Faden mit den Fingerspitzen greifen und durchziehen. Mit der linken Hand holst du immer Wolle vom Knäuel nach. Du kannst etwas Wolle auf Vorrat um den Zeigefinger wickeln.

Nach dem Fadenholen ziehst du die Schlaufe immer erst einmal fest. Beim nächsten Fadenholen wächst sie wieder. Danach die neue Schlaufe wieder festziehen usw. Wiederhole dies, bis deine Schnur lang genug ist. Dann den Faden ca. 10 cm über der letzten Schlaufe abschneiden, durchziehen und fertig!

Tipp: Aus den Fingerschnüren kannst du tolle Armbänder oder lustige Tiere wie eine Schnecke oder eine Schlange machen!

So geht Fingerstricken

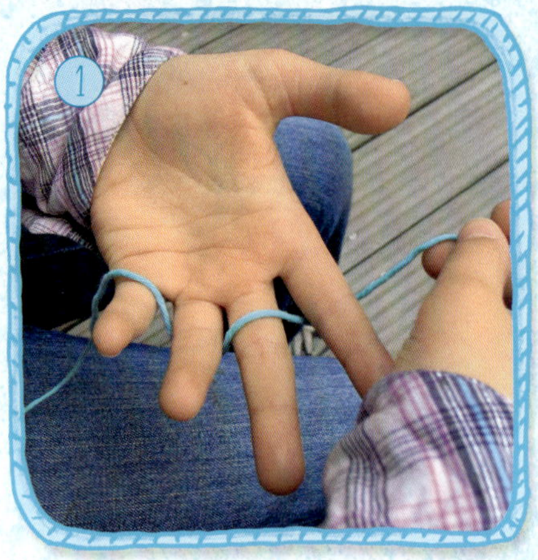

Führe einen Faden um die Finger einer Hand: über den kleinen Finger, unter den Ringfinger, über den Mittelfinger, unter den Zeigefinger. Deine Handfläche zeigt dabei nach oben.

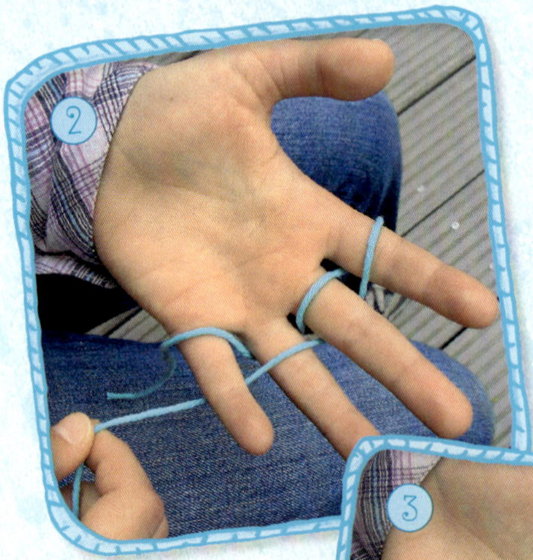

Lege den Faden einmal über den Zeigefinger und weiter geht's: unter den Mittelfinger, über den Ringfinger, dann unter dem kleinen Finger durch.

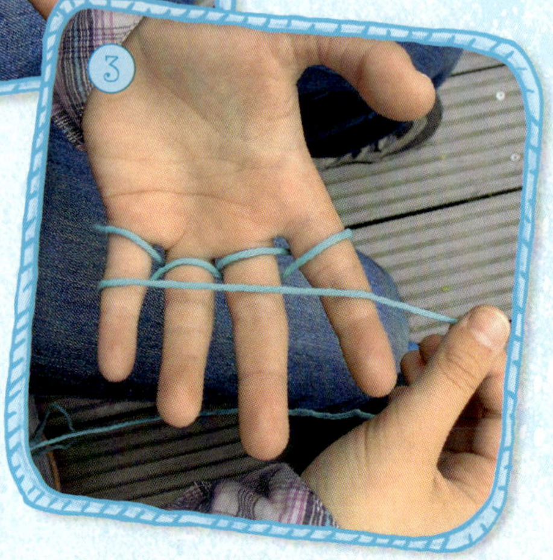

Lege jetzt den Faden über alle vier Finger. Lass dabei etwas Abstand zur ersten Reihe. Der Faden hängt nun über deinem Zeigefinger.

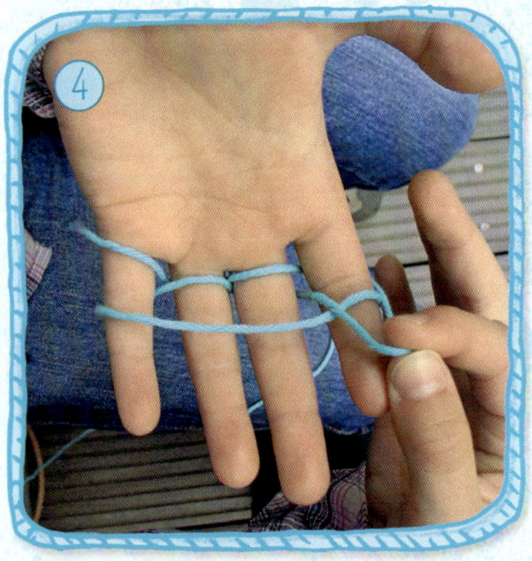

Ziehe die Schlaufen der ersten Reihe Finger für Finger über die zweite Reihe. Damit startest du beim Zeigefinger.

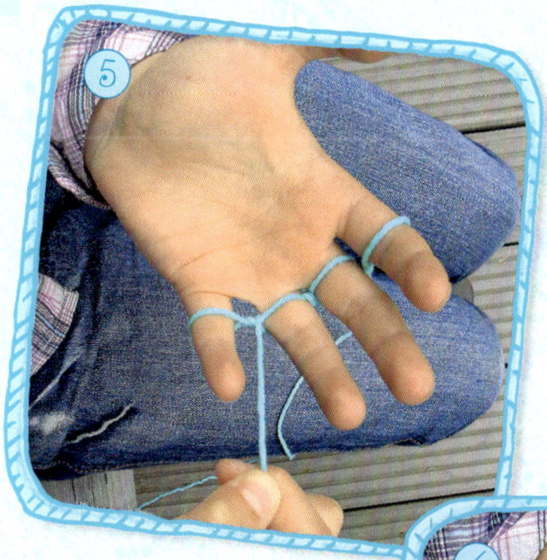

Den Anfangsfaden legst du zwischen den kleinen Finger und den Ringfinger und lässt ihn hängen.

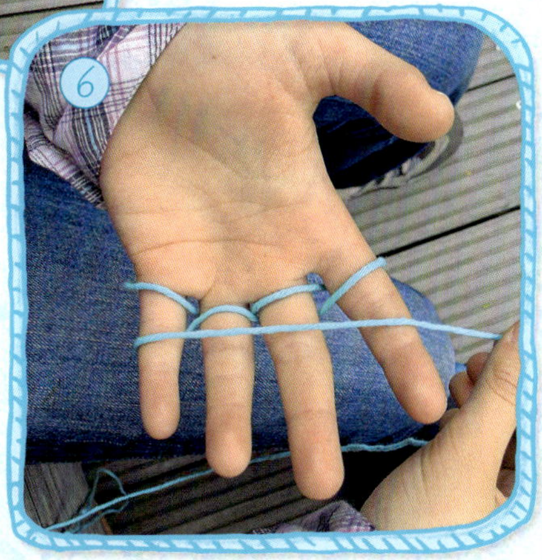

Jetzt von Neuem den Faden über alle Finger legen und Finger für Finger Schlaufen ziehen: über den Zeigefinger, über den Mittelfinger, über den Ringfinger, über den kleinen Finger – und wieder Faden legen, Schlaufen ziehen ...

Zieh den Faden am Ende durch alle Schlaufen. Fertig ist deine Strickwurst! Was du damit machen kannst? Das siehst du auf den Seiten 12 und 13.

Alles selbst gemacht

Das brauchst du:

- Wollgarn und/oder Bändchengarn in verschiedenen Farben

So wird's gemacht:

Stirn- oder Haarband

Fertige eine Wollwurst und knote sie zu einem coolen Stirnband.

Schlüsselband

Fertige mit Fingerstricken eine Wollwurst, zum Beispiel aus zwei Fäden in verschiedenen Farben. Einfach einen Knoten auf die Wollwurst machen, einen Karabinerhaken dranhängen und umhängen.

Schal

Stricke mit den Fingern eine Wollwurst mit Bändchengarn und nimm dabei den Faden doppelt.

Tipp: Du kannst den Schal übrigens auch prima als Gürtel tragen.

Ballnetz

Fertige vier Wollwürste. Lege die vier Wollwürste sternförmig übereinander. Dann knotest du sie mit der untersten Wurst in der Mitte zusammen. Jetzt knote weiter, wie du es unten auf den Bildern siehst.

So geht Fingerhäkeln

Das brauchst du:

Für beide Schals
- Strickliesel mit 4 Haken
- Häkelnadel
- Schere

Roter Schal
- Wollgarn in drei verschiedenen Rottönen, 50 g je Farbe

Blauer Schal
- Wollgarn in drei verschiedenen Blautönen, 50 g je Farbe

So wird's gemacht:

1. Beide Schals werden auf die gleiche Weise gefertigt.
Stricke mit der Strickliesel aus jeder Farbe einen etwa 4,50 m langen Schlauch, das ist auf den Seiten 16 bis 19 erklärt.

2. Lege die Strickschläuche dicht nebeneinander. Mache einen Knoten, lass dabei von jeder Farbe ein Stück unten heraushängen.

3. Häkle die Schläuche mit den Fingern zusammen, wie das geht, siehst du auf den Bildern unten.

4. Verknote das Ende und lass auch hier wieder von jeder Farbe ein Stück unten heraushängen.

Fingerhäkeln

Spaß mit der Strickliesel

Das brauchst du:

- Strickliesel
- Häkelnadel oder Stricklieselnadel
- Schere
- Strick- oder Häkelgarn

Stricken mit der Strickliesel

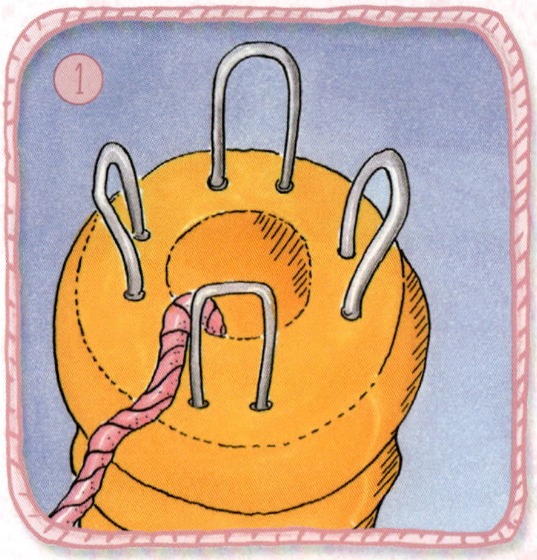

Um das Garn in die Strickliesel zu fädeln, ziehst du es mit einer Häkelnadel von oben nach unten durch.
Dann legst du den Faden um alle Haken.
Halte dabei das Fadenende unten gut fest.

Zuerst legst du den Faden gegen den Uhrzeigersinn um den ersten Haken.

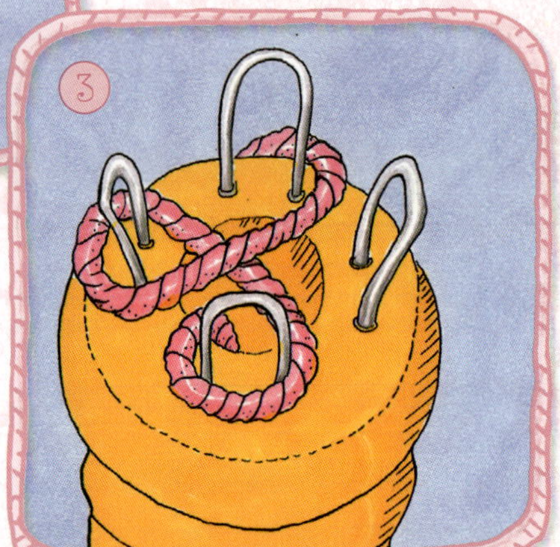

Dann geht es weiter gegen den Uhrzeigersinn mit dem nächsten Haken.

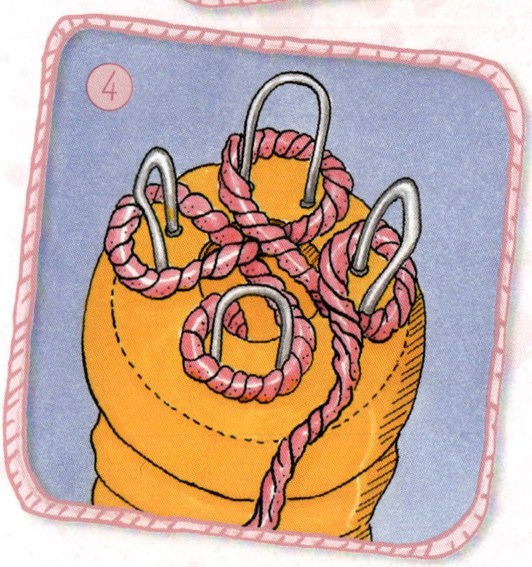

Auch um den dritten und vierten Haken legst du den Faden gegen den Uhrzeigersinn.

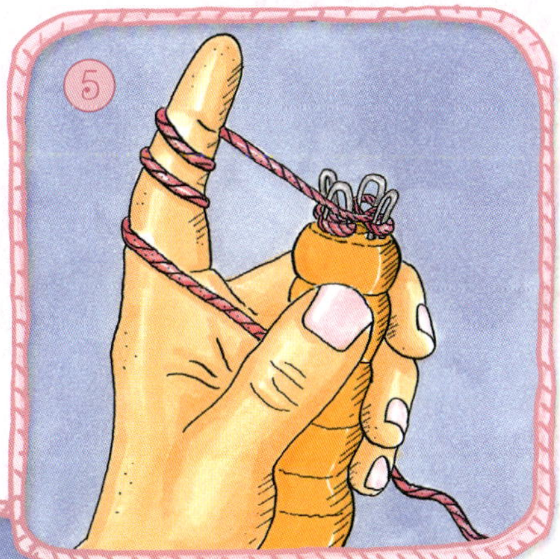

So hältst du die Strickliesel zum Stricken.

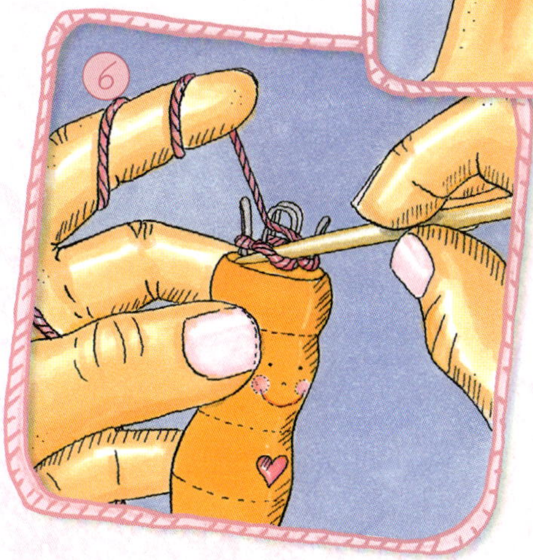

Dann führst du den Faden von rechts nach links vor den ersten umwickelten Haken und stichst mit der Häkelnadel oder der Stricklieselnadel unter die Garnschlinge.

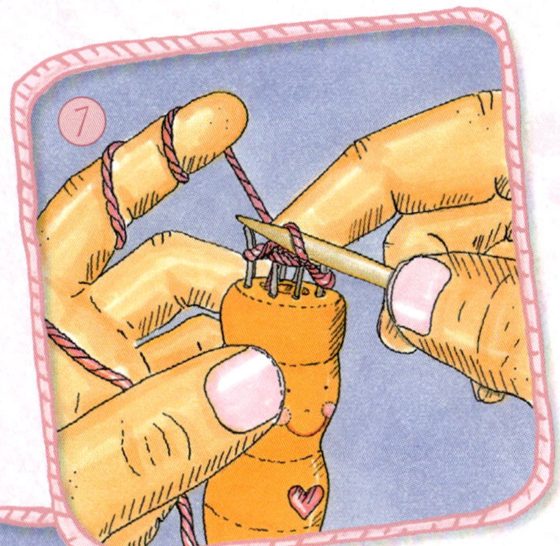

Hebe die Garnschlinge mit der Nadel ab und sichere dabei mit dem rechten Zeigefinger den Faden.

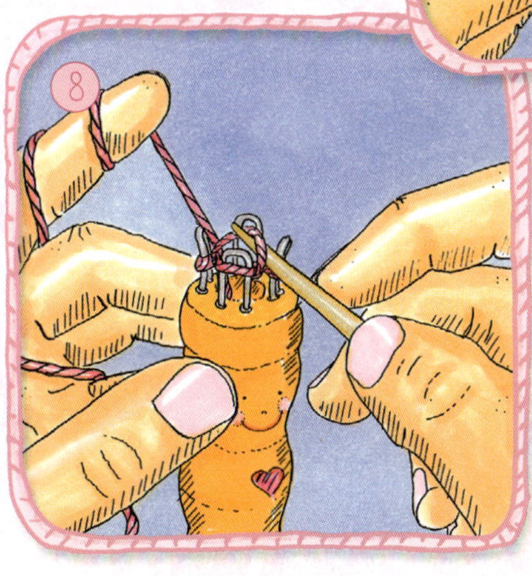

Schließlich hebst du die Garnschlinge über den Haken und lässt sie nach unten fallen.
Damit die Schlingen nicht über die Haken rutschen, hältst du den Faden die ganze Zeit über straff.

Strickschlauch beenden

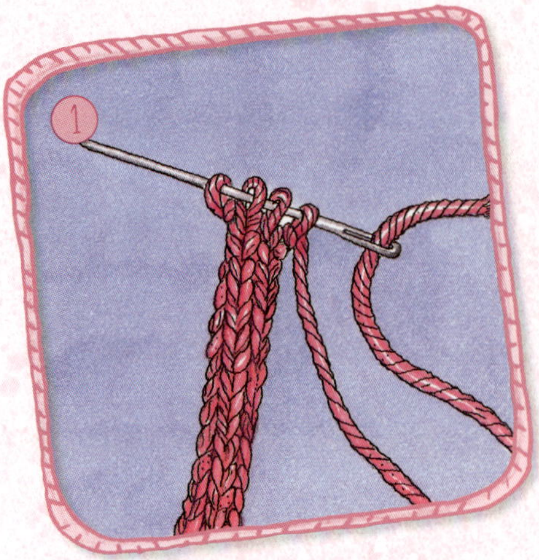

Wenn dein Strickschlauch lang genug ist, schneidest du den Faden so ab, dass er noch etwa 10 cm lang ist. Hebe die Schlingen von den Haken und fädle den Faden in eine Nadel. Mit der stichst du durch alle vier Schlingen.

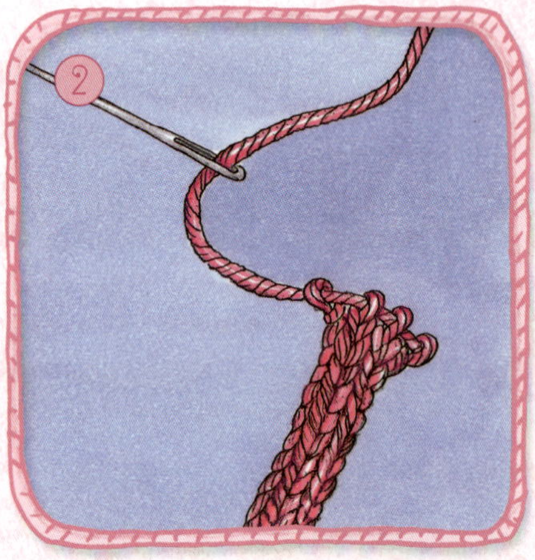

Dann ziehst du das Fadenende durch die Schlingen hindurch.

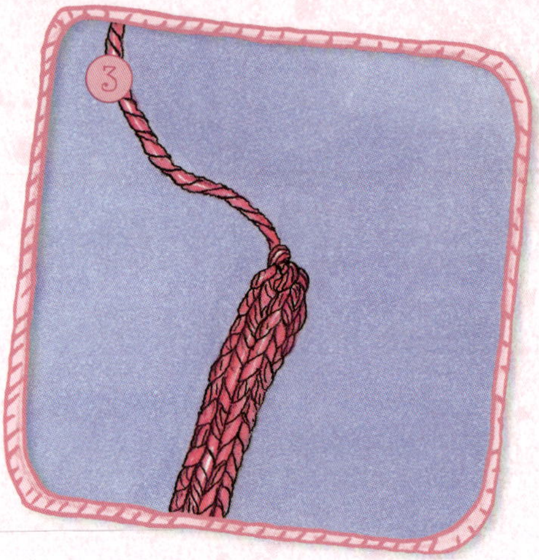

Zum Schluss ziehst du fest an dem Faden, sodass sich die Schlingen zuziehen. Jetzt kannst du den Schlauch unten rausziehen.

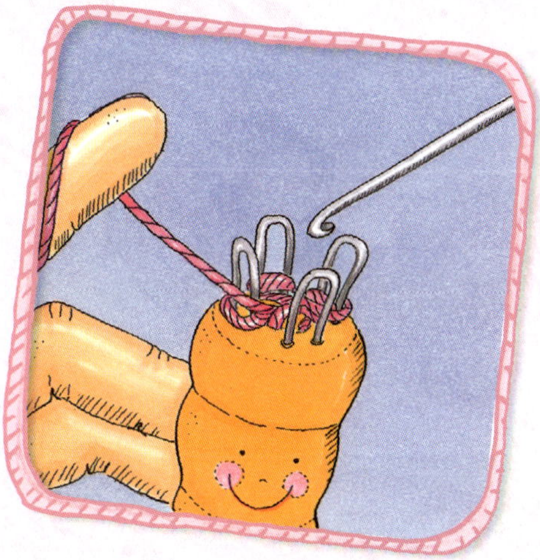

Verlorene Schlinge

Eine Schlinge ist vom Haken gerutscht! Damit die anderen Schlingen nicht auch noch herunterrutschen, sicherst du sie mit Sicherheitsnadeln an den Haken. Jetzt holst du die runtergerutschte Schlinge mit der Häkelnadel wieder hoch und ziehst sie über den Haken. Schon kannst du wieder weiterstricken!

Vergessene Schlinge

Da liegen auf einmal zwei Schlingen übereinander! Da hast du wohl vergessen, die Schlinge über den Haken zu heben. Aber das ist nicht schlimm – hebe einfach in der nächsten Runde beide Schlingen zusammen ab.

Strickschläuche zusammennähen

So verbindest du zwei Schlauchenden miteinander.

So nähst du zwei Schläuche der Länge nach aneinander.

Schmucke Ideen

Das brauchst du:

- Wollgarn, Reste in Orange, Rot, Pink, Mini-Ringel in Blau und Ringel in Bunt
- Strickliesel mit 4 Haken
- Häkelnadel Nr. 3
- elastisches Band, Nähnadel
- Maßband, Schere

So wird's gemacht:

1. Für ein Armband strickst du mit der Strickliesel einen Strickschlauch in der von dir gewünschten Farbe. Auf den Seiten 16 bis 19 zeigen wir dir ganz genau, wie das geht. Arbeite den Schlauch so lang, dass er locker um dein Handgelenk passt. Am besten misst du vorher dein Handgelenk ab.

2. Wenn der Schlauch fertig ist, nähst du die Enden zusammen. Dann vernähst du die Fäden.

3. Für ein geflochtenes Armband arbeitest du einfach drei Strickschläuche, jeder etwa 20 cm lang. Die drei Schläuche mit einem Faden fest zusammenbinden. Dann flechtest du die drei Schläuche zum Zopf. Wie das geht, siehst du auf Seite 24. Den Zopf bindest du am Ende wieder mit einem Faden zusammen. Dann nähst du die Enden (siehe unten) zusammen.

4. Du kannst auch drei Farben zusammennehmen und so mit dreifachem Faden einen Strickschlauch fertigen.

5. Für das Haarband misst du deinen Kopfumfang und strickst drei Schläuche in dieser Länge, einen in Orange, einen in Pink und einen in Mini-Ringel-Blau. Dann ziehst du in jeden Strickschlauch ein elastisches Band ein (jedes so lang wie dein Kopfumfang), nähst die Enden zusammen, nähst auch die Enden des Strickschlauches zusammen und zum Schluss die drei Bänder aneinander.

Zum Ring nähen

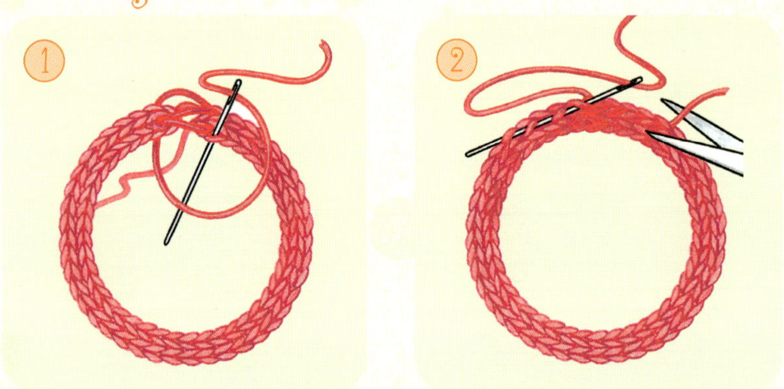

Cooler Zettelhalter

Das brauchst du:

- Baumwollgarn, ein Rest oder 50 g in Grün meliert
- Strickliesel mit 4 Haken
- Häkelnadel Nr. 3
- Aludraht in Grün, 3 mm Durchmesser, etwa 70 cm
- 5 Krokodilklammern, 35 mm, in Silber
- Modelliermasse, 1 Packung
- Klebstoff, Schere

So wird's gemacht:

1. Der fertige Zettelhalter ist etwa 24 cm hoch.
Fertige mit der Strickliesel zwei Strickschläuche von etwa 16 cm und einen Strickschlauch von etwa 25 cm in Grün meliert an. Wie das geht, siehst du genau auf den Seiten 16 bis 19.

2. Teile den grünen Aludraht in zwei Stücke von je 20 cm und ein Stück von 29 cm Länge.

3. Nun formst du mit der Modelliermasse eine Kugel von 5 cm Durchmesser. Drücke die Kugel dann auf die Tischplatte, sodass eine Standfläche entsteht.

4. Schiebe nun die Strickschläuche so auf die entsprechenden Aludrähte, dass die Drahtenden für die Befestigung der Krokodilklammern etwa 1 cm und für die Befestigung im Sockel etwa 3 cm überstehen. Dann steckst du die Klammern auf die Drähte und nähst sie am Schlauchende mit dem kurzen Drahtstück fest. Zusätzlich solltest du sie noch mit Klebstoff befestigen.

5. Zuletzt drückst du die Aludrähte 3 cm tief in die noch weiche Modelliermasse des Sockels und lässt alles gut trocknen.

Tipp: Du kannst den Sockel auch ganz nach deinen Vorstellungen formen. Besonders hübsch sind kleine kompakte Tierformen wie Elefant, Nilpferd oder Walfisch.

Montag
Mathe
Lena
anrufen

Bunt für den Hund

Das brauchst du:

- Baumwollgarn, je 50 g in Gelb-Color, Blau-Color und Grün-Color
- Strickliesel mit 4 Haken
- Häkelnadel Nr. 2–3
- Wollnadel (mit großem Nadelöhr)
- Karabinerhaken in Türkis, 5 cm
- Schere

So wird's gemacht:

1. Die fertige Hundeleine ist etwa 175 cm lang.
Stricke je einen Strickschlauch in Gelb-Color und Grün-Color von 230 cm Länge sowie einen in Blau-Color von 234 cm Länge. Wie das gemacht wird, siehst du auf den Seiten 16 bis 19.

2. Den blauen Strickschlauch schlägst du an einem Ende etwa 2 cm um, sodass eine Schlaufe entsteht, und nähst ihn zusammen. In diese Schlaufe hängst du den Karabinerhaken ein.

3. Die Strickschläuche legst du nebeneinander, den blauen in die Mitte, damit die Schlaufe vorsteht. Die Enden nähst du zusammen.

4. Die drei Strickschläuche bindest du mit einem Faden fest zusammen und flechtest sie zu einem Zopf, wie du es auf den Zeichnungen unten siehst. Nun bindest du den Zopf am Ende wieder mit einem Faden zusammen, schlägst für den Griff etwa 10 cm um und nähst den Griff an der Leine fest.

Zöpfe flechten

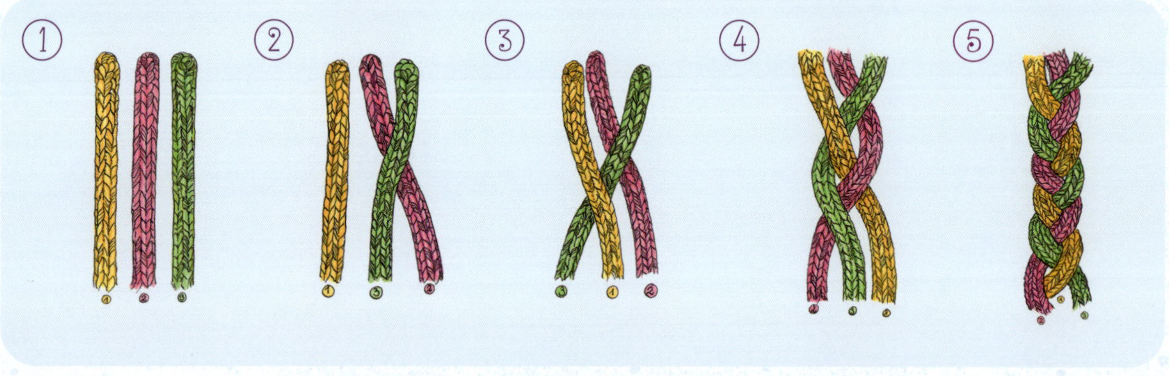

Schick und praktisch

Das brauchst du:

Für Haargummi und Schlüsselanhänger:

- Wollgarn, je 50 g oder ein Rest in Gelb, Rot und Rosa
- Strickliesel mit 4 Haken
- Häkelnadel Nr. 3
- Sternperle
- Perle in Rot, 1 cm Durchmesser
- Gummifaden
- Schlüsselring
- Einzugsnadel oder große Sticknadel ohne Spitze
- Nähnadel und Nähgarn, farblich passend
- Schere

So wird's gemacht:

1. Stricke für das Haargummi mit der Strickliesel einen etwa 20 bis 24 cm langen gelben Strickschlauch. Wie das geht, siehst du auf den Seiten 16 bis 19. Ziehe nun in den Strickschlauch mit Hilfe einer langen Einzugsnadel oder einer Sticknadel Gummifaden ein, verknote die Enden und nähe auch den Strickschlauch zusammen.

2. Verdrehe nun den gelben Kreis zu einer losen Kordel und nähe sie fest zusammen. Zum Schluss nähst du noch die Perle auf.

3. Stricke für den Schlüsselanhänger mit der Strickliesel jeweils einen 10 cm langen Schlauch in Rot, Rosa und Gelb. Diese drei Strickschläuche bindest du mit einem Faden fest zusammen und flechtest sie zu einem Zopf. Wie das geht, siehst du auf Seite 24 unten. Den Zopf bindest du am Ende wieder mit einem Faden zusammen.

4. Nun legst du zehn bis zwölf etwa 10 cm lange Fäden in Rosa doppelt. Das geschlossenen Ende legst du auf das Zopfende und umwickelst es fest mit einem rosafarbenen Faden. Am oberen Ende nähst du den Schlüsselring an, am unteren Ende hängst du eine Sternperle ein.

Flauschige Raupen

Das brauchst du:

- Fransengarn in Rot mit Glitzereffekt, in Gelb-Orange-Weiß und in Grasgrün
- Strickliesel,
  für die große Raupe mit 12 Haken,
  für die mittlere Raupe mit 10 Haken,
  für die kleine Raupe mit 4 Haken
- Häkelnadel Nr. 4,5
- Wollnadel (mit großem Nadelöhr)
- Chenilledraht
- Füllwatte
- Kugelköpfe in passender Größe:
  Keramikkopf mit aufgedrucktem Gesicht, 3 cm Durchmesser,
  Holzpuppenkopf, 2,5 cm Durchmesser,
  Holzkugel, 2 cm Durchmesser
  (Gesicht mit Filzstift selbst aufmalen)
- Klebstoff
- Schere

So wird's gemacht:

1. Für die kleine Raupe strickst du einen 10 cm langen Strickschlauch in Grasgrün. Auf den Seiten 16 und 17 siehst du, wie ein Strickschlauch mit der Strickliesel gearbeitet wird. Dann nimmst du den Schlauch wie auf Seite 18 beschrieben ab, ziehst ihn aber noch nicht zusammen. Das untere Ende nähst du zu, legst ein 10 cm langes Stück Chenilledraht in die Raupe, ringsherum stopfst du Füllwatte.

2. Eine Hälfte der Holzkugel streichst du gut mit Klebstoff ein, steckst sie oben in den Schlauch ein und klebst sie fest, dabei den Strickschlauch um die Kugel herum zusammenziehen.

3. Binde nun in Abständen von etwa 2 cm etwas Fransengarn um den Raupenkörper, dadurch wird der Strickschlauch an dieser Stelle etwas eingeschnürt. Verknote und vernähe die Fäden.

4. Die große und die mittlere Raupe stopfst du schon während des „Stricklieselns“ aus. Sowie der Strickschlauch unten aus der Strickliesel herausschaut, nähst du ihn zu. Dieses erste Stückchen Schlauch stopfst du gleich aus, und immer wenn du 1 bis 2 cm neu gestrickt hast, stopfst du wieder aus, bis der Schlauch 14 cm für die mittlere Raupe und 24 cm für die große Raupe lang ist.

5. Den Schlauch nimmst du dann ab, bestreichst den passenden Kopf hinten nicht zu sparsam mit Klebstoff, steckst ihn in den Strickschlauch und ziehst dabei den Schlauch um die Kugel zusammen.

6. Binde jetzt um die große Raupe im Abstand von jeweils 4 cm, um die mittlere Raupe im Abstand von 3 cm etwas Fransengarn, ziehe dabei das Garn jeweils fest an, damit der Raupenkörper an diesen Stellen eingeschnürt wird. Verknote und vernähe die Fäden.

fine 0,4

Kleine Freunde

Das brauchst du:

Für beide Modelle
- Strickliesel mit 4 Haken
- Wollnadel (mit großem Nadelöhr)
- Häkelnadel Nr. 2–3
- je 1 Spaltring, 2,5 cm Durchmesser

Mausanhänger
- Baumwollgarn, ein Rest in Rot-Color
- Holzkopf Maus, 25 mm Durchmesser
- Holzkugel mit Kreuzbohrung, 30 mm Durchmesser
- 2 Holzkugeln, 12 mm Durchmesser
- 2 Holzkugeln, 10 mm Durchmesser
- Holzperlen, 6 mm Durchmesser, je 4 in Rot, Orange und Natur

Katzenanhänger
- Fransengarn, ein Rest in Rot
- Holzkopf Katze, 25 mm Durchmesser
- Holzkugel mit Kreuzbohrung, 30 mm Durchmesser
- 2 Holzkugeln, 12 mm Durchmesser
- 2 Holzkugeln, 10 mm Durchmesser
- 6 Holzperlen, 6 mm Durchmesser, in Natur
- 2 Großloch-Holzperlen, 10 x 8 mm, in Rot

So wird's gemacht:

Mausanhänger (etwa 10 cm lang)

1. Mit der Strickliesel strickst du für die Arme einen 7 cm langen und für die Beine einen 9 cm langen Strickschlauch. Anfangs- und Endfaden nicht vernähen, sondern etwa 10 cm lang hängen lassen.

2. Den Strickschlauch für die Arme ziehst du durch die kreuzweise durchbohrte Kugel und nähst an beiden Seiten eine Holzkugel (10 mm Durchmesser) an.

3. Nun knotest du einen etwa 20 cm langen Faden Baumwollgarn genau in der Mitte des Strickschlauchs für die Beine fest an. Dann den Faden durch die Nadel fädeln und von unten durch die kreuzweise durchbohrte Kugel und innen durch den Strickschlauch der Arme stechen. Den Faden fest anziehen, sodass die „Beine" ein Stück in die Kugel gezogen werden.

4. Jetzt führst du die Nadel durch den Kopf und fädelst immer abwechselnd eine Perle in Natur, Rot und Orange auf. Zum Schluss knotest du den Faden an den Spaltring und nähst die beiden Holzkugeln für die Hinterpfoten (12 mm Durchmesser) an die Beine.

Katzenanhänger (etwa 10 cm lang)

Den Katzenanhänger arbeitest du genau wie den Mausanhänger, aber mit rotem Fransengarn. Wenn du die Nadel durch den Kopf gezogen hast, fädelst du die naturfarbenen Holzperlen sowie die beiden roten Großlochperlen zwischen Kopf und Spaltring.

Ei – ganz puschelig

Das brauchst du:

- Fransengarn, je 50 g oder ein Rest in Hellblau, Orange und Pink
- Woll- oder Baumwollgarn, je ein Rest in Hellblau, Orange und Pink
- evtl. dünne Kordel, farblich passend
- Strickliesel mit 4 Haken
- Stopfei
- Nähnadel, passendes Nähgarn
- Schere

So wird's gemacht:

1. Die hier gezeigten Eierwärmer werden alle auf die gleiche Weise gefertigt. Für einen Eierwärmer strickst du mit der Strickliesel einen 90 cm langen Schlauch aus Fransengarn. Wie das geht, siehst du genau auf den Seiten 16 bis 19. Dabei kannst du nur in einer Farbe arbeiten oder auch ein wenig mischen wie beim Eierwärmer in Pink, hier wurde mit Orange angefangen und dann in Pink weitergestrickt.

2. Den fertigen Strickschlauch legst du zu einer Spirale (wie auf dem Bild rechts unten) und nähst ihn so von unten nach oben zusammen. Am besten geht das mit einem Stopfei. Lege zuerst eine Reihe um das Ei (nicht zu fest) und nähe sie Stück für Stück mit der zweiten Reihe zusammen. So nähst du Runde um Runde mit lockeren Stichen zusammen. Passe dabei die Form des Eierwärmers immer wieder an das Stopfei an.

3. Wenn du damit fertig bist, bindest du einige 6 cm lange Woll- oder Baumwollfäden in der Mitte ab. Setze sie auf die Spitze des Eierwärmers und nähe sie

von innen an. Statt eine Spitze aus Wollfäden zu arbeiten, kannst du den Eierwärmer auch einfach oben mit einem Faden oder einer Kordel abbinden (wie bei dem hellblauen Eierwärmer).

Spirale legen

Auf leisen Sohlen

Das brauchst du:

Für ein Paar Hausschuhe

- Wollgarn, bunt bedruckt, 100 g
- Strickliesel mit 4 Haken
- Anti-Rutschsohle in Größe 34 oder 36
- Nähnadel, passendes Nähgarn
- Schere
- Textilkleber

So wird's gemacht:

Hausschuhe Größe 34 (für Mädchen)

1. Für die Sohlen der Hausschuhe strickst mit der Strickliesel zwei Strickschläuche von 230 cm Länge. Wie das gemacht wird, steht ganz genau auf den Seiten 16 bis 19. Dann legst du die Strickschläuche jeweils von außen nach innen auf die Anti-Rutschsohlen, nähst sie zusammen und klebst sie mit Textilkleber auf die Sohlen.

2. Für die Oberteile arbeitest du nun mit der Strickliesel zwei etwa 120 cm lange Strickschläuche (am besten Fuß ausmessen, dabei beachten, dass der Strickschlauch elastisch ist). Dann steckst du die Strickschläuche jeweils seitlich an die Sohlen, nähst sie zusammen und dabei gleichzeitig auch an den Sohlen fest.

3. Um den vorderen Schuh bringst du noch jeweils einen Strickschlauch von etwa 10 cm an, um den hinteren Schuh noch jeweils einen Strickschlauch von etwa 29 cm.

4. Zum Schluss jeweils einen Strickschlauch von etwa 36 cm zu einer Blume legen und auf die Hausschuhe nähen.

Hausschuhe Größe 36 (für Jungen)

1. Für die Sohlen der Hausschuhe strickst mit der Strickliesel zwei Strickschläuche von 240 cm Länge. Dann legst du die Strickschläuche jeweils von außen nach innen auf die Anti-Rutschsohlen, nähst sie zusammen und klebst sie mit Textilkleber auf die Sohlen.

2. Für die Oberteile arbeitest du nun mit der Strickliesel zwei etwa 245 cm lange Strickschläuche. Dann steckst du die Strickschläuche jeweils seitlich an die Sohlen, nähst sie zusammen und dabei gleichzeitig auch an den Sohlen fest. Um den hinteren Schuh nähst du noch jeweils einen Strickschlauch von etwa 30 cm.

So machst du Pompons

Grundmaterial für Pompons

- Pompon-Set mit Plastikschablonen in verschiedenen Durchmessern

oder

- Pappe, Stift, Lineal und Zirkel zur Fertigung eigener Pappschablonen

außerdem:

- Wollnadel (mit großem Nadelöhr)
- scharfe und spitze Schere
- Strick- oder Häkelgarn (wie beim jeweiligen Modell angegeben)

Pompons wickeln mit dem Pompon-Set

Mit fertigen Plastikschablonen gelingen dir die Pompons im Handumdrehen! Zuerst legst du jeweils zwei zusammengehörige Schablonenteile aufeinander. Die Stege zum Zusammenstecken zeigen dabei nach außen.

Dann umwickelst du den Halbkreis mit Wolle. Der Wollfaden soll möglichst gleichmäßig und in festen, dichten Schlingen gewickelt werden.

Du wickelst so lange, bis die Schablonenhälfte ausgefüllt ist. Anschließend nimmst du die beiden anderen Schablonenteile und umwickelst sie genauso. Wenn du einen neuen Faden ansetzen musst, legst du das Fadenende an die Außenkante der Schablone.

Sind beide Schablonenhälften gefüllt, schneidest du den Faden vom Wollknäuel ab. Dann steckst du die beiden Schablonenhälften an den Stegen zusammen. Schneide die Wolle mit einer spitzen Schere zwischen den Schablonenteilen rundherum auf.

Jetzt nimmst du einen Abbindefaden aus gleichfarbiger Wolle und ziehst ihn zwischen den Schablonen in den Spalt ein. Verknote ihn gut, am besten doppelt. Dann entfernst du vorsichtig die Schablone.

Du schneidest alle überstehenden Wollfäden ab und schneidest den Pompon in eine gleichmäßige Kugelform. Wird der Pompon stärker beschnitten, wird der Flor dichter.

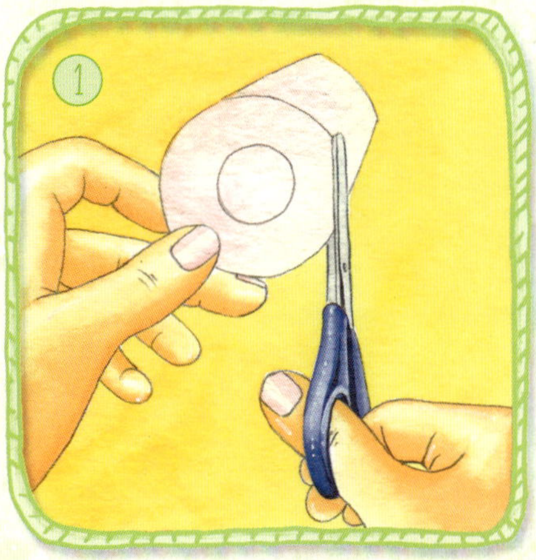

Pompons wickeln mit Pappschablonen

Pompons lassen sich auch mit runden Pappscheiben herstellen. Zeichne einen Kreis auf feste Pappe. In die Mitte dieses Kreises zeichnest du noch einen Kreis. Schneide nun den äußeren und den inneren Kreis aus. Für einen Pompon brauchst du zwei Scheiben.

Lege die Pappscheiben aufeinander. Wickle einen Wollfaden möglichst gleichmäßig und in festen, dichten Schlingen um die Scheiben. Das geht gut, wenn du den Faden in eine Wollnadel fädelst.

Dann schneidest du die Umwicklung am Rand zwischen den beiden Pappscheiben auf, ziehst sie leicht auseinander und bindest die Wollfäden, wie auf Seite 37 in Schritt 5 beschrieben, ab. Dann alle Überstände abschneiden und den Pompon in Form schneiden.

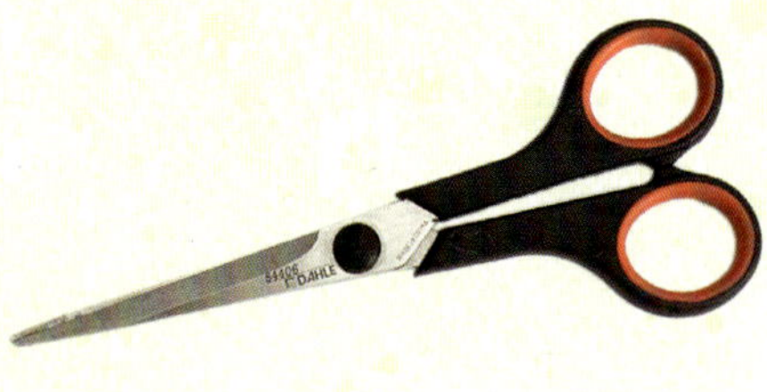

Mehrfarbige Pompons

Für mehrfarbige Pompons wickelst du den Wollfaden bis zur Mitte der Schablonenhälfte. Dann machst du mit der Wolle in der anderen Farbe weiter und umwickelst die Schablonenhälfte bis zum Ende.

Pompons reihen

Um Pompons aneinanderzunähen, ziehst du mit der Nadel einen Faden von einem Pompon durch den nächsten. Dann ziehst du den Faden in umgekehrter Richtung wieder zurück und verknotest ihn.

Schmusekrokodil

Das brauchst du:

- Grundmaterial für Pompons (siehe Seite 36)
- Strickgarn, 50 g in Grün
- Bastelfilz in Grün und Weiß
- Transparentpapier
- Markierstift, selbstlöschend
- Lineal
- Locher
- Chenilledraht
- schwarzer Filzstift
- lange Nähnadel, passendes Nähgarn
- Textilkleber

So wird's gemacht:

1. Das fertige Krokodil ist etwa 23 cm lang.
Fertige nun wie auf Seite 36/37 bzw. 38 beschrieben mit einem Pompon-Set oder mit selbst gefertigten Pappschablonen mit dem Garn in Grün drei Pompons von 4,5 cm Durchmesser.

2. Für Kopf und Schwanz fertigst du insgesamt fünf Pompons von 3 cm Durchmesser. Schneide die Abbindefäden nicht ab, sondern lass sie hängen.

3. Die Pompons bindest du mit den Abbindefäden fest aneinander: zwei kleine Pompons für den Kopf, dann die drei großen für den Körper und zum Schluss drei kleine für den Schwanz. Zusätzlich kannst du die Pompons noch aneinandernähen, dabei in der Mitte nacheinander durch alle Pompons stechen. Dann schneidest du den Schwanz mit der Schere spitz zulaufend zurecht. Den Kopf mit Schnauze schneidest du rund und länglich in Form.

Fuß

Rückenzacken

4. Übertrage die Vorlage für die Rückenzacken auf Transparentpapier und schneide sie aus. Lege das Papier auf den grünen Filz und übertrage dann rundum den Umriss mit dem selbstlöschenden Markierstift auf den Filz und schneide die Rückenzacken aus.

5. Für die Zähne schneidest du aus weißem Filz einen 1 cm breiten und 9,5 cm langen Streifen aus und malst mit schwarzem Filzstift eine Zickzacklinie auf. Stanze mit dem Locher zwei Punkte in Weiß für die Augen aus dem Filz und zeichne die Pupillen mit schwarzem Filzstift ein. Klebe dann Augen, Zähne und Rückenzacken auf.

6. Schneide für die Füße vier Stücke Chenilledraht von je 9 cm Länge zu und biege sie nach der Zeichnung zu Füßen. Klebe die Füße seitlich an das Krokodil.

Froschkönig

Das brauchst du:

- Grundmaterial für Pompons (siehe Seite 36)
- Strickgarn, etwa 50 g oder ein Rest in Hellgrün
- Bastelfilz in Grün
- 2 Wackelaugen, oval
- lange Nähnadel, passendes Nähgarn
- Transparentpapier
- Markierstift, selbstlöschend
- Bastelkarton in Gold (beidseitig)
- Styroporkugel, 3 cm Durchmesser
- Acrylfarbe in Gold, Pinsel
- Textilkleber

So wird's gemacht:

1. Der fertige Froschkönig ist etwa 14 cm hoch, 10 cm breit, 10 cm tief. Übertrage die Vorlagen auf Transparentpapier und schneide sie aus. Lege das Papier auf den Filz bzw. auf den Bastelkarton, übertrage dann rundum den Umriss mit dem selbstlöschenden Markierstift auf den Filz und den Karton und schneide alles aus: Vorlage 1 für die Füße viermal aus grünem Bastelfilz, Vorlage 2 für das Froschmaul einmal aus grünem Bastelfilz und Vorlage 3 für die Krone einmal aus goldfarbenem Bastelkarton.

2. Fertige nun wie auf Seite 36/37 bzw. 38 beschrieben mit einem Pompon-Set oder mit selbst gefertigten Pappschablonen mit hellgrünem Garn einen Pompon mit 5,5 cm Durchmesser für den Kopf und einen Pompon mit 9 cm Durchmesser für den Körper.

3. Kopf und Körper vernähst du nun gemäß Foto fest miteinander. Am Kopf oben klebst du die beiden Wackelaugen an. Falte das Filzstück für das Maul quer mittig und befestige es vorn am Kopf. Drücke dafür die Fäden etwas auseinander und klebe das Maul tief ein. Klebe je zwei Füße vorn mittig und hinten seitlich unter den großen Pompon.

4. Bemale die Styroporkugel mit der Acrylfarbe und lass sie dann gut trocknen. Die Krone klebst du am Klebefalz zusammen (siehe Vorlage 3). Die Kugel klebst du auf den linken Fuß und die Krone oben auf den Kopf.

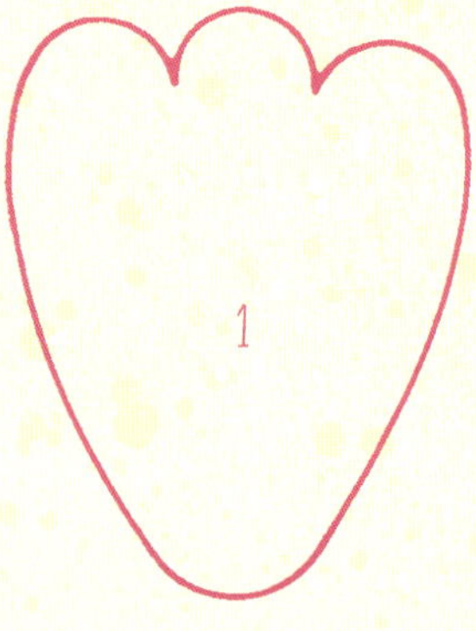

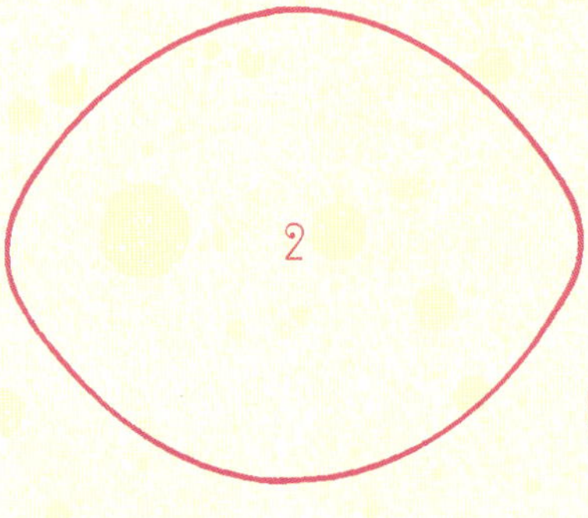

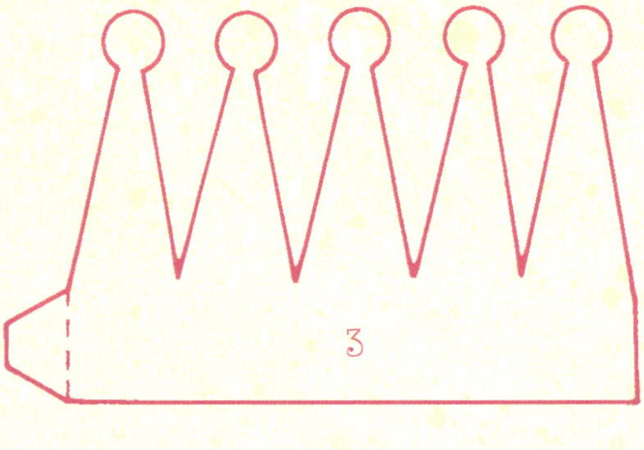

Herz-Mobile

Das brauchst du:

- Grundmaterial für Pompons (siehe Seite 36)
- Strickgarn, je etwa 50 g oder Reste in Neonorange und Rot
- Mobile-Stern, 33 cm
- Satinband, 3 mm, je 1 Rolle in Rot und Orange
- lange Nähnadel, passendes Nähgarn

So wird's gemacht:

1. Das fertige Mobile hat einen Durchmesser von etwa 33 cm. Die Pompon-Herzen sind jeweils etwa 8 cm hoch, 8 cm breit und 4 cm tief.
Setze zuerst das Mobile laut Packungsbeilage zusammen.

2. Fertige nun wie auf Seite 36/37 bzw. 38 beschrieben mit einem Pompon-Set oder mit selbst gefertigten Pappschablonen je neun Pompons mit 5,5 cm Durchmesser in Neonorange und Rot, also insgesamt 18 Pompons.

3. Nähe nun für ein Herz immer drei Pompons gleicher Farbe recht fest zusammen, zwei nebeneinander und einen mittig darunter. Nun schneidest du die Pompons in die Herzform, die beiden oberen werden die Herzrundungen, der untere die Spitze.

4. Oben in der Herzvertiefung befestigst du je ein Satinband in der Herz-Farbe und knotest es in unterschiedlicher Länge von etwa 15 bis 40 cm am Mobile unmittelbar neben jeder Abschlusskugel an. Binde darüber jeweils in gleicher Farbe eine Schleife aus Satinband. Hänge das Mobile an einem Satinband auf.

Glücksbringer

Das brauchst du:

Für beide Modelle

- Grundmaterial für Pompons (siehe Seite 36)
- lange Nähnadel, passendes Nähgarn
- Markierstift, selbstlöschend
- Textilkleber

Marienkäfer

- Strickgarn, etwa 50 g oder Reste in Schwarz und Rot
- Bastelfilz in Schwarz
- Chenilledraht in Schwarz
- 2 Wackelaugen, 5–7 mm Durchmesser
- Zirkel, Lineal

Kleeblatt

- Strickgarn, etwa 50 g oder ein Rest in Hellgrün
- Bastelfilz in Grün
- Chenilledraht in Grün
- kleiner Plastikmarienkäfer
- Transparentpapier

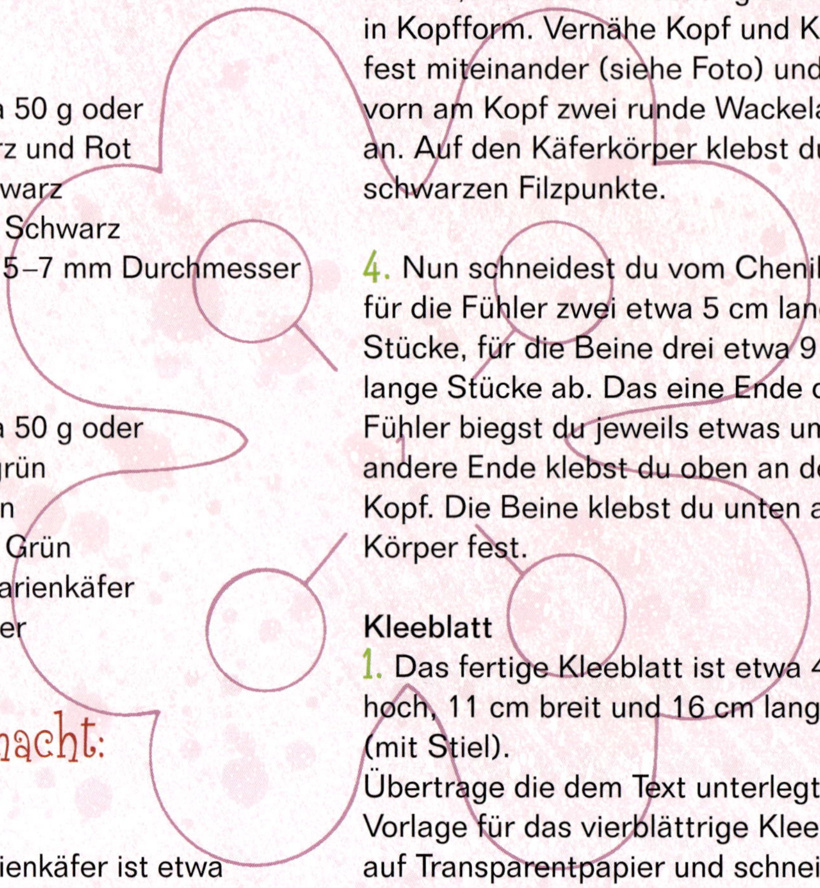

So wird's gemacht:

Marienkäfer

1. Der fertige Marienkäfer ist etwa 8 cm hoch, 7 cm breit und 11 cm lang. Male mit dem selbstlöschenden Markierstift sechs Punkte mit 1 cm Durchmesser auf schwarzen Bastelfilz und schneide sie dann aus.

2. Fertige nun wie auf Seite 36/37 bzw. 38 beschrieben mit einem Pompon-Set oder mit selbst gefertigten Pappschablonen einen Pompon in Schwarz mit 6,5 cm Durchmesser für den Kopf sowie einen Pompon in Rot mit 8,5 cm Durchmesser für den Körper.

3. Schneide den schwarzen Pompon auf etwa 5,5 cm Durchmesser gleichmäßig in Kopfform. Vernähe Kopf und Körper fest miteinander (siehe Foto) und klebe vorn am Kopf zwei runde Wackelaugen an. Auf den Käferkörper klebst du die schwarzen Filzpunkte.

4. Nun schneidest du vom Chenilledraht für die Fühler zwei etwa 5 cm lange Stücke, für die Beine drei etwa 9 cm lange Stücke ab. Das eine Ende der Fühler biegst du jeweils etwas um, das andere Ende klebst du oben an den Kopf. Die Beine klebst du unten am Körper fest.

Kleeblatt

1. Das fertige Kleeblatt ist etwa 4 cm hoch, 11 cm breit und 16 cm lang (mit Stiel).
Übertrage die dem Text unterlegte Vorlage für das vierblättrige Kleeblatt auf Transparentpapier und schneide es aus. Lege das Papier auf den grünen Filz und übertrage dann rundum den Umriss mit dem selbstlöschenden Markierstift auf den Filz. Dann schneidest du das Kleeblatt aus.

2. Fertige nun wie auf Seite 36/37 bzw. 38 beschrieben mit einem Pompon-

Set oder mit selbst gefertigten Pappschablonen vier Pompons in Hellgrün mit jeweils 4,5 cm Durchmesser.

3. Schneide in das Kleeblatt laut Vorlage innen vier Kreise mit je einem kleinen Schlitz. Da hinein steckst du die Pompons, sodass sie oben und unten jeweils zur Hälfte herausschauen.

4. Schneide vom grünen Chenilledraht ein 15 cm langes Stück ab und klebe es als Stiel unter das Blatt. Den Plastikmarienkäfer klebst du oben auf.

Sonne und Regen

Das brauchst du:

Für beide Modelle
- Grundmaterial für Pompons (siehe Seite 36)
- lange Nähnadel, passendes Nähgarn
- Markierstift, selbstlöschend
- Transparentpapier, Bleistift
- Textilkleber

Regentropfen
- Strickgarn, ein Rest oder 50 g in Hellblau
- Bastelfilz in Hellblau und Weiß
- 2 Wackelaugen, oval, 15–18 mm Durchmesser

Sonne
- Strickgarn, ein Rest oder 50 g in Gelb
- Bastelfilz in Maisgelb und Rot
- 2 Wackelaugen, 10–12 mm Durchmesser

So wird's gemacht:

Regentropfen

1. Übertrage die Vorlagen 1 bis 3 von Seite 137 auf Transparentpapier und schneide sie aus. Lege das Papier auf den Filz, übertrage dann rundum die Umrisse mit dem selbstlöschenden Markierstift auf den Filz und schneide aus: Vorlage 1 für den Tropfen einmal aus hellblauem Filz, Vorlage 2 für die Augen zweimal und Vorlage 3 für den Mund einmal aus weißem Filz.

2. Fertige nun wie auf Seite 36/37 bzw. 38 beschrieben mit einem Pompon-Set oder mit selbst gefertigten Pappschablonen einen Pompon mit 9 cm Durchmesser aus hellblauem Garn.

3. Nun schneidest du den Mittelkreis des Filz-Tropfens (Vorlage 1) aus und entlang der gestrichelten Linie ein. Schneide den Pompon tropfenförmig zurecht. Dann drückst du ihn mittig leicht auseinander und schiebst den Filztropfen darüber. Den Einschnitt vernähst du.

4. Klebe große ovale Wackelaugen auf die Filzteile für die Augen und bringe diese und den Mund am Regentropfen-Pompon an.

Sonne

1. Übertrage die Vorlagen 1 bis 3 von Seite 136 auf Transparentpapier und schneide sie aus. Lege das Papier auf den Filz, übertrage rundum die Umrisse mit dem selbstlöschenden Markierstift auf den Filz und schneide dann aus: Vorlage 1 für den Strahlenkranz einmal aus maisgelbem Filz, Vorlage 2 für die Augen zweimal aus maisgelbem Filz und Vorlage 3 für den Mund einmal aus rotem Filz.

2. Fertige nun wie auf Seite 36/37 bzw. 38 beschrieben mit einem Pompon-Set oder mit selbst gefertigten Pappschablonen als Sonne einen Pompon mit 9 cm Durchmesser aus gelbem Garn.

3. Nun schneidest du den Mittelkreis des Filz-Strahlenkranzes (Vorlage 1) aus und entlang der gestrichelten Linie ein. Dann drückst du den Pompon mittig leicht auseinander und legst den Strahlenkranz längs um. Den Einschnitt vernähst du.

4. Klebe große runde Wackelaugen auf die Filzteile für die Augen und bringe diese und den Mund am Pompon an.

Puschelkette

Das brauchst du:

- Grundmaterial für Pompons (siehe Seite 36)
- Grundmaterial für das Filzen (siehe Seite 54)
- evtl. Schnellfilzer
- Merino-Filzwolle, je einen Strang (50 g) in Hellblau, Royalblau und Natur
- Wasserglas und Teelöffel
- weiches Wollgarn, je 50 g in Hellblau und Weiß (für die Pompons)
- Glasperlen-Mix in Weiß (6 Beutel zu 15 g)
- Näh- oder Sticknadel mit schmalem Nadelöhr zum Auffädeln
- elastischer, reißfester Gummifaden, 0,7 mm Durchmesser, etwa 1,4 m

So wird's gemacht:

1. Zunächst stellst du in jeder Farbe acht Filzperlen her. Bereite den Arbeitsplatz und die Schmierseifenlösung vor (siehe Seite 54/55). Oder du arbeitest mit einem Schnellfilzer. Dazu vermischst du im Wasserglas 100 ml lauwarmes Wasser und einen Tropfen Schnellfilzer.

2. Für eine Perle zupfst du ein etwa 3 cm langes Stück Filzwolle vom Strang ab. Diesen Filzwollebausch lockerst du auf und formst ihn zu einer Kugel vor. Dann tauchst du den Filzwollebausch ganz in die Schmierseifenlösung oder die Schnellfilzer-Flüssigkeit und drückst ihn über dem Glas wieder aus.

3. Nun die Filzperle abwechselnd in den Handflächen und auf der Bläschenfolie rollen, bis die Kugel schön rund und fest ist. Die fertige Filzperle hat dann einen Durchmesser von ungefähr 1 cm. Mit dem Schnellfilzer geht das Nassfilzen etwa zehnmal schneller als mit der Schmierseifenlösung.

4. Fertige nun wie auf Seite 36/37 bzw. 38 beschrieben mit einem Pompon-Set oder mit selbst gefertigten Pappschablonen je vier Pompons von etwa 4 cm Durchmesser in Hellblau und Weiß.

5. Jetzt geht es ans Auffädeln auf den Gummifaden: Hier kannst du deine eigene Fantasie spielen lassen oder genau wie im Bild vorgehen und die folgende Reihenfolge stets wiederholen, bis alle Perlen aufgebraucht sind. Dabei die Farben und die verschiedenen Arten von Glasperlen schön abwechseln, die Pompons und die Filzperlen in der Mitte durchstechen: eine Filzperle, vier Glasperlen, eine Filzperle, vier Glasperlen, eine Filzperle, sieben Glasperlen, ein Pompon, sieben Glasperlen. Achtung: Bei den Glasperlen sind in jedem Beutelchen einige wenige dabei, bei denen das Loch so eng ist, dass keine Nadel durchpasst. Oft lässt sich dann der Faden ohne Nadel besser durch die Perle schieben.

6. Zum Schluss verknotest du die Fadenenden gut miteinander und schon kannst du die neue Kette tragen.

Schlenker-Clown

Das brauchst du:

- Grundmaterial für Pompons (siehe Seite 36)
- Baumwollgarn, 50 g in Rot-Color, je ein Rest in Rot, Orange, Gelb und Blau
- Fransengarn, ein Rest in Rot
- Strickliesel mit 4 Haken
- Häkelnadel Nr. 2–3
- Wollnadel mit großem Nadelöhr
- Holzkopf „Clown", 40 mm Durchmesser
- Holzkugeln mit großer Bohrung, je 2 in 25 mm und 20 mm Durchmesser
- Karabinerhaken mit Spaltring, 2,5 cm Durchmesser
- Textilkleber

So wird's gemacht:

1. Der fertige Clown ist 30 cm hoch. Stricke verschiedene Schläuche: für die Arme des Clowns 22 cm in Orange, für die Beine 32 cm in Rot, für den Schal 30 cm in Gelb, für die Aufhängung 17 cm in Blau und für die Perücke 22 cm mit rotem Fransengarn. Wie das geht, siehst du auf den Seiten 16 bis 19.

2. Fertige nun wie auf Seite 36/37 bzw. 38 beschrieben zwei Pompons mit dem Baumwollgarn in Rot-Color: einen mit 4,5 cm Durchmesser und einem mit 5,5 cm Durchmesser.

3. Den blauen Strickschlauch schlägst du an einer Seite etwa 1 cm um, legst den Spaltring mit Karabinerhaken in die so entstandene Schlaufe und nähst sie zusammen. Dann ziehst du das freie Ende von oben durch den Clownskopf und lässt es unten zunächst etwa 2,5 cm vorstehen. Das unterste Stückchen (etwa 5 mm) ist der Hals, die nächsten 2 cm dick mit Klebstoff einstreichen und wieder in den Kopf ziehen, der Hals ist unten noch zu sehen. Den Klebstoff trocknen lassen. Dann nähst du den Hals genau in der Mitte des Strickschlauchs für die Arme fest. Auf jeden Arm ziehst du eine Holzkugel mit großer Bohrung auf (20 mm Durchmesser) und verknotest den Strickschlauch an beiden Enden.

4. Nun fädelst du einen Baumwollfaden auf die Nadel, nimmst ihn doppelt und machst am Ende einen festen Knoten. Dann durch den Knotenpunkt von Hals und Armen stechen, in der Mitte durch den kleinen Pompon, dann mitten durch den großen Pompon und dann genau in der Mitte durch den Strickschlauch für die Beine. Wieder zurück, durch beide Pompons bis zum Hals und dort den Faden gut verknoten. Fädle jetzt die Holzkugeln mit großer Bohrung (25 cm Durchmesser) auf die Beine und sichere sie mit einem Knoten auf jeder Seite.

5. Die Perücke aus rotem Fransen-Strickschlauch nähst du zur Spirale zusammen und klebst sie dann auf den Kopf. Dafür nähst du das eine Ende des Strickschlauchs an die Aufhängung, wickelst ihn dann spiralförmig um den

Kopf und fixierst diese Wickelung immer wieder mit einigen Stichen. Zum Schluss schiebst du diese Perückenspirale ein wenig hoch, streichst den Kopf darunter mit Textilkleber ein und drückst dann die Perücke rundum fest an den Kopf. Zuletzt bindest du dem Clown den Schal um.

So lernst du Filzen

Material

Filzwolle stammt vom Schaf. Wird es geschoren, bekommen wir sein kuschelig weiches Fell. Um feine, flauschige und filzfähige Wolle zu erhalten, muss das Fell gereinigt und gekämmt werden. In Wollfabriken entstehen dabei dann zum Filzen geeignete Wollqualitäten.

Vlieswolle: Wollflocken werden in der Krempelmaschine gelöst, neu geordnet, nochmals gereinigt und in lockere Wolllagen gekämmt. Das fertige Vlies ist ziemlich gleichmäßig und besteht aus mehreren Lagen (Bild A). Kammzug: Dünne Lagen Vlieswolle werden zu Bändern zusammengeleitet, restliche Unreinheiten und kurze Fasern herausgekämmt. Das Ergebnis ist ein glatter, langfaseriger, feiner Kammzug (Bild B).

Grundmaterial für das Filzen

- Messbecher, Schmierseife
- Schneebesen, Esslöffel
- Metalleimer bzw. Emailleschüssel
- Herd bzw. Tauchsieder, Thermometer
- Automatte aus Gummi
- Noppenfolie (Luftpolsterfolie)
- mehrere Handtücher und Wischtücher
- Wäschesprenger oder Gießkanne mit Brause
- evtl. Abdeckfolie
- Waage bzw. Briefwaage
- verschiedenfarbige Wollen

Bei den meisten Arbeitsmaterialien handelt es sich um Dinge aus dem täglichen Gebrauch (Bild C). Die Gummimatte kommt auf den Tisch, darüber die Noppenfolie. Rundherum legst du eingerollte Handtücher, damit kein Wasser auf Tisch und Boden laufen kann (Bild D).

Schmierseifenlösung

Für die Schmierseifenlösung stellst du folgende Mischung her: einen Esslöffel Schmierseife auf einen Liter Wasser. Erwärme das Wasser auf etwa 60 Grad Celsius. Löse dann mit dem Schneebesen die Schmierseife darin auf. Die Lösung lässt du zur weiteren Verarbeitung auf 40 bis 45 Grad Celsius abkühlen.

Zupfen und Legen

Fächere die Strangwolle des Kammzuges etwas auseinander. Dann greifst du die Wolle weit mit beiden Händen und hältst sie locker. Der Abstand der Hände zueinander beträgt 15 bis 20 cm, der Wollstrang liegt zwischen Handballen und Fingerkuppen. Jetzt ziehst du die Hände sanft auseinander. Die Wollfasern lassen sich leicht trennen. Gelingt es nicht, loslassen und noch einmal starten.

Die Vlieswolle greifst du mit beiden Händen und zupfst sie etwas auseinander. Bei der Vlieswolle können sowohl die einzelnen Lagen als auch die einzelnen Fasern erspürt und getrennt werden. Auch die Laufrichtung des Vlieses lässt sich gut wahrnehmen. Teile die Wolle stets in Längsrichtung und zupfe dann kleine Wollwolken ab.

Für den Filzvorgang ist es ideal, wenn die Wolle vorher in gleichmäßige Wollflocken oder Wollwolken gezupft wird, wie in Schritt 1 und 2 beschrieben. Zupfe die Wolle stets mit trockenen Händen! Anschließend legst du die gezupfte Wolle: Die erste Lage legst du parallel, die nächste Lage kreuzweise zur ersten, also im 90-Grad-Winkel. Die dritte Lage legst du wieder wie die erste, die nächste wiederum kreuzweise. So wird das Verfilzen der Wollfasern bestens unterstützt. Das kreuzweise Legen gilt für alle Filzverfahren, bei denen mehrere Wollschichten zum Einsatz kommen.

Ball filzen

Das brauchst du:

- Grundmaterial für das Filzen (siehe Seite 54)
- Vlieswolle in Natur (etwa 10 g)
- Vlieswolle in beliebigen Farben (etwa 10 g)

Bereite den Arbeitsplatz vor und stelle die Schmierseifenlösung her, wie das geht, steht auf Seite 55. Verwende eventuell heißes Wasser aus der Leitung. Fülle Schmierseifenlösung in eine Emailleschüssel. Bereite mit trockenen Händen die Wolle vor (siehe Seite 55).

Um einen Ball gut formen zu können, musst du zuerst einen Kern herstellen. Dazu rollst du eine Wollflocke längs und machst in die Mitte einen Knoten. Die losen Enden wickelst du um den festen Kern. Diesen kleinen Ball tauchst du in die warme Seifenlauge.

Lege nun Wollwolke für Wollwolke kreuzweise, wie auf Seite 55 beschrieben, rundherum auf. Dabei drehst du den Ball ständig und tauchst ihn nach jeder neuen Wolke in die handwarme Lauge. Die nasse Wolke sanft glatt streichen. Fahre so lange fort, bis die gesamte Vlieswolle in Natur für den Innenteil verbraucht ist.

Tipp: Prüfe mit dem Thermometer gelegentlich die Temperatur. Die ideale Filztemperatur liegt bei 40 bis 45 Grad Celsius. Das ist für die Hände meist angenehm, es darf aber auch etwas kühler sein. Wenn du empfindlich bist, verwende dünne Haushaltshandschuhe. Das Arbeiten mit der Emailleschüssel erlaubt dir das direkte Erwärmen der Lauge ohne Umfüllen.

Jetzt bekommt der Ball Farbe! Bringe dazu die bunten Wollwolken einzeln auf. Du beträufelst jede Wolke jeweils mit einer Handvoll Lauge und streichst sie glatt. Jetzt solltest du den Ball besser nicht mehr tauchen, weil sich das gelegte Muster sonst verformen könnte. Fahre so fort, bis alle Wollflocken verbraucht sind.

Nimm nun den nassen, rohen Ball in die Hände und drücke ganz sanft. Dabei kreist der Ball sehr langsam – wichtig: Langsam und behutsam! Zwischendurch immer wieder mit Lauge besprengen. Den Ball stets im Wechsel sanft drücken, sanft streichen und in Form halten. Nach einiger Zeit spürst du, wie sich die obersten Wollflocken verbinden. Ist dieses Stadium erreicht, beginnst du mit einem leichten In-den-Händen-Rollen. Schön kontinuierlich rollen, mit Lauge beschöpfen, immer abwechselnd. Je fester und stabiler der Filz wird, umso kräftiger darfst du rollen. Wieder bekommt der Ball mehr Struktur. Jetzt kannst du auf der Noppenfolie rollen. Soll der Ball ganz hart sein, rollst du auf der Automatte, dann wieder kneten und wieder rollen.

Der Ball ist fertig! Durch Feuchtigkeit, Wärme und Reibung haben sich die einzelnen Wollfasern zu einem festen Filz verbunden. Dabei ist die Wolle um etwa 30 Prozent geschrumpft. Zum Schluss spülst du den Ball gründlich mit klarem Wasser. Etwas Essig im letzten Spülbad beseitigt Seifenreste. Ausdrücken, abschließend erneut in Form rollen und an der Sonne oder auf der Heizung trocknen lassen.

Schnur filzen

Das brauchst du:

- Grundmaterial für das Filzen (siehe Seite 54)
- Kammzug bzw. Strangwolle am Stück
  (etwa 50 cm lang für eine etwa 35 cm lange Schnur)

Bereite den Arbeitsplatz, wie auf Seite 54 beschrieben, vor und stelle die Schmierseifenlösung her. Fülle den Wäschesprenger mit Schmierseifenlauge. Lege mit trockenen Händen den ausgewählten Kammzug etwa mittig auf die Noppenfolie. Die Wolle liegt dabei auf der Noppenseite. Trocken vorrollen.

Nun befeuchtest du den Kammzug mit Seifenlauge aus dem Wäschesprenger. Rolle die feuchte bis nasse Strangwolle mit beiden Händen behutsam und sanft hin und her. Übe dabei aber noch keinen Druck aus. Die äußeren Wollfasern verbinden sich langsam. Bringe nun weitere warme Lauge auf und rolle geduldig weiter. Nach und nach erhöhst du jetzt den Druck. Hat sich die Wolle weiter verdichtet, wechselst du auf die Gummimatte. Arbeite jetzt mit Kraft und rolle die Schnur auch zwischen den Händen, bis alles griffig und fest ist.

Die Schnur ist fertig! Die einzelnen Wollfasern haben sich zu einem festen Filz verbunden. Dabei schrumpft die Wolle um bis zu 30 Prozent – je nach Feuchtigkeit, Wärme, Art und Dauer der Bewegung. Zum Schluss spülst du die Schnur gründlich mit klarem Wasser aus. Ein Schuss Essig im letzten Spülbad beseitigt Seifenreste. Ausdrücken, in Form bringen und trocknen lassen.

Fläche filzen und walken

Das brauchst du:

- Grundmaterial für das Filzen (siehe Seite 54)
- Vlieswolle und Kammzug (etwa 22 g für eine 20 x 30 cm große Fläche)

Bereite den Arbeitsplatz vor und stelle die Schmierseifenlösung her, wie das geht, steht auf Seite 55. Fülle die Seifenlauge in den Sprenger. Zupfe mit trockenen Händen die Wolle und lege, wie auf Seite 55 beschrieben, zwei Lagen Vlieswolle aus. Danach mit heißer Lauge besprengen. Mit Noppenfolie abdecken und andrücken. Die Folie abnehmen. Für die dritte Lage legst du den Kammzug längs, für die vierte Lage quer auf. Begieße alles mit Lauge und drücke es mit der Noppenfolie an.

Gib etwas Lauge auf die Folie und beginne, deine Hände sanft zu bewegen. Folie abnehmen, Wolle mit heißer Lauge besprengen, Folie auflegen und mit den Händen in Kreisen zur Mitte hin arbeiten. Dabei den Druck erhöhen und öfter besprengen. Dann wendest du das Wollstück zwischen Folie und bearbeitest auch die Rückseite. Filze dann ohne Folie weiter, bis alles einen stabilen Eindruck macht. Jetzt ist das Filzstück zum Walken bereit.
Spüle das Filzstück vorsichtig mit klarem Wasser aus und drücke es sanft aus.

Nun besprengst du das Filzstück mit heißem Wasser. Wickle es in ein trockenes Handtuch. Rolle es anfangs ohne Druck auf der Automatte hin und her. Auswickeln, besprengen und in die andere Richtung einwickeln. Wieder rollen, auswickeln, Seite wechseln, besprengen, einwickeln, rollen usw. so lange walken, bis die gewünschte Größe und Festigkeit erreicht ist. Mit etwas Essig im Wasser klar spülen. Ausdrücken, in Form bringen und trocknen lassen.

Rund und bunt

Das brauchst du:

Für alle Bälle
- Grundmaterial für das Filzen (siehe Seite 54)

Bälle in Grüntönen
- Vlieswolle in Natur
- Vlieswolle und/oder Kammzug in verschiedenen Grüntönen

Bälle in Blautönen
- Vlieswolle in Natur
- Vlieswolle und/oder Kammzug in Lila, Flieder und Blau

Bälle in Gelb-/Orangetönen
- Vlieswolle in Natur
- Vlieswolle und/oder Kammzug in Gelb, Orange, Magenta und Hellgrün

Ball in Gelb mit Tupfen
- Vlieswolle in Natur, ca. 5 g
- Vlieswolle in Gelb, ca. 5 g, und ein paar Wolken in Pink
- Styroporkugel, 70 mm Durchmesser

So wird's gemacht:

1. Bereite den Arbeitsplatz vor und stelle dann nach dem Grundrezept wie auf Seite 55 beschrieben die Schmierseifenlösung her.

2. Für die grünen Bälle zupfst du fein säuberlich die Wolle, wie auf Seite 55 beschrieben. Für den größten grünen Ball brauchst du etwa 5 g verschiedene Grüntöne (eine lockere Erwachsenenhand voll), dazu 5 g Wolle in Natur. Zum Vergleich: Trocken zusammengerollt ist der Ball etwa apfelgroß, später gefilzt tomatengroß. Jetzt arbeite weiter, wie in „Ball filzen" auf Seite 56/57 beschrieben.

3. Die lilafarbenen Bälle filzt du, wie auf Seite 56/57 beschrieben. Arbeite dabei abwechselnd Flocken in den verschiedenen Blautönen ein. Die Bälle in Gelb-/Orangetönen werden auf die gleiche Weise hergestellt. Wenn du möchtest, kannst du einen Ball halb in Gelb, halb in Grün arbeiten.

4. Für den gelben Ball mit den pinkfarbenen Tupfen umfilzt du eine Styroporkugel zunächst mit einer dünnen Schicht naturfarbener Vlieswolle. Zupfe dazu die Wolle und lege feine Wolken auf die Kugel. Filze nun vorsichtig an, indem du die Wolle sanft streichelst. Baue Schicht für Schicht auf, wie in „Ball filzen" auf Seite 56/57 beschrieben. Dann bringst du das Gelb auf, bis die Kugel komplett umhüllt ist. Zum Schluss setzt du punktuell kleine Wolken in Pink auf und streichelst behutsam. Arbeite sorgfältig, damit sich alles verbinden kann. Dann lass den Ball trocknen.

Schlingel-Schlangen

Das brauchst du:

Für alle Schlangen
- Grundmaterial für das Filzen (siehe Seite 54)
- Garn in Dunkelorange
- Nadel
- Schere
- Alleskleber

Schlangen in Orange mit Streifen
- Kammzug in Gelb, etwa 4 g, 30 cm lang
- Kammzug oder Vlieswolle in Orange, etwa 4 g, 30 cm lang
- Chenilledraht (für lange Schlangen)
- Pfeifenputzer (für kurze Schlangen)
- kleine Perlen in Orangetönen

Schlangen in Grün
- Kammzug in Grün, etwa 2 g, 15 cm lang
- Pfeifenputzer
- kleine Perlen in Grüntönen

So wird's gemacht:

1. Bereite den Arbeitsplatz vor und stelle die Schmierseifenlösung her. Wie das geht, steht auf Seite 55.

2. Das „geheime" Innenleben der Schlangen besteht aus Chenilledraht bzw. Pfeifenputzern. Chenilledraht ist etwas weicher und länger, die Pfeifenputzer sind kürzer und härter. Der Draht ermöglicht es, die Schlangen zu formen. Biege nun zuerst den Draht in Form, wie auf den Zeichnungen zu sehen.

3. Jetzt umwickelst du den gebogenen Draht mit Kammzug- oder Vlieswolle. Beginne dabei am Kopf – dieser darf ruhig etwas dicker ausfallen. Weiter nach und nach den ganzen Draht umwickeln. Arbeitest du mit zwei Farben, ergänze im Anschluss die andere Farbe.

4. Besprenkle nun den umhüllten Draht mit der warmen Seifenlauge und streiche die Schlange mit beiden Handflächen sanft glatt. Wenn sich die Form etwas ausgeprägt hat, arbeitest du weiter, wie bei „Schnur filzen" auf Seite 58 beschrieben.

5. Sobald die Schlangen getrocknet sind, bekommen sie Augen. Dazu befestigst du farblich passende Perlen mit Alleskleber am Kopf. Für die Zunge fädelst du ein Stück Garn in die Nadel und ziehst es bis zur Mitte durch den Filz. Dann entfernst du die Nadel, verknotest die Garnenden und kürzt die Zunge.

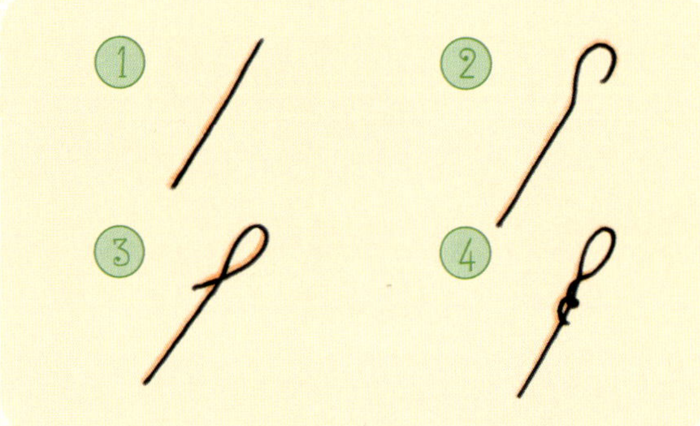

Zauberschmuck

Das brauchst du:

Für alle Ketten
- Grundmaterial für das Filzen (siehe Seite 54)
- lange, dünne Stopfnadel
- evtl. Sticknadel

Kunterbunte Kette
- etwas Vlieswolle in Gelb, Orange, Hellgrün, Grün, Rosa, Magenta, Pink, Türkis
- Elastikfaden in Gold, 0,4 mm Durchmesser

Kette in Blau
- etwas Vlieswolle in Blau
- Elastikfaden in Blau, 1 mm Durchmesser
- 4 geschliffene, transparente Glasperlen
- 6 kleine Perlen in Blautönen

Kette in Rosa
- etwas Vlieswolle in Rosa, Pink und Magenta
- Elastikfaden in Rot, 0,4 mm Durchmesser
- 26 Rocailles in Rosa, 2–3 mm Durchmesser

So wird's gemacht:

1. Bereite den Arbeitsplatz vor und stelle die Schmierseifenlösung her. Wie das geht, steht auf Seite 55.

2. Die kunterbunte Kette besteht aus 22 Perlen mit unterschiedlichem Durchmesser – angefangen bei etwa 12 mm bis 25 mm. Hier wurden sieben Perlen in Gelb, vier in Hellgrün, zwei in Grün, zwei in Pink, zwei in Orange, eine Perle in Türkis sowie zwei Schnurperlen in Rosa und zwei Schnurperlen in Magenta verwendet.
Filze die runden Perlen, wie bei „Ball filzen" auf Seite 56/57 gezeigt, und die länglichen Schnurperlen, wie in „Schnur filzen" auf Seite 58 beschrieben. Fädle die Perlen nach dem Trocknen mit Hilfe einer langen Nadel auf einen goldenen Elastikfaden; den Faden kannst du so lang wählen, wie es dir gefällt. Zum Schluss verknotest du die Fadenenden.

3. Für die blaue Kette filzt du eine große runde Perle in Blau. Ziehe sie nach dem Trocknen als Mitte auf einen blauen Elastikfaden und ziehe zu beiden Seiten jeweils zwei Glasperlen und drei kleine blaue Perlen auf.

4. Filze für die rosafarbene Kette eine große und zwei kleine Perlen in Pink (siehe „Ball filzen", Seite 56/57) sowie vier längliche Schnurperlen in Rosa und Magenta, wie in „Schnur filzen" auf Seite 58 beschrieben. Nach dem Trocknen fädelst du die Filzperlen abwechselnd mit den Rocailles auf einen roten Elastikfaden.

Knabber-Mäuse

Das brauchst du:

Für alle Mäuse
- Grundmaterial für das Filzen (siehe Seite 54)
- Rocailles, farblich passend, 2 mm Durchmesser (3 Stück je Maus)
- Nadel
- Alleskleber

Maus in Rosa
- Vlieswolle oder Kammzug in Rosa, etwa 4 g
- Vlieswolle in Rosa, etwa 5 g
- Faden in Rosa

Maus in Weiß
- Vlieswolle in Weiß oder Natur, etwa 5 g
- Faden in Weiß

So wird's gemacht:

1. Bereite den Arbeitsplatz vor und stelle die Schmierseifenlösung her (siehe Seite 55).

2. Die Mäuse werden aus Schnüren und Bällen gefertigt. Zuerst benötigst du ein Stück Kammzug oder zur Rolle geformte Vlieswolle (etwa 20 cm). Damit sich der Mäuseschwanz gut mit dem Körper verbindet, rollst du diesen bereits im trockenen Zustand. Etwa die Hälfte bis zwei Drittel filzt du kurz an (siehe „Schnur filzen", Seite 58). Der Rest muss trocken bleiben! Das sieht dann so aus wie auf der Zeichnung.

3. Wickle jetzt mit trockenen Händen die restliche Wolle für den Körper um das trockene Schwanzstück. Arbeite dann weiter, wie bei „Ball filzen" auf Seite 56/57 beschrieben. Tauche den Körper vorsichtig in die Seifenlauge. Filze zuerst vor allem die Verbindungsstelle zwischen Mäuseschwanz und Körper durch behutsames Streicheln an, damit du einen festen Übergang erhältst. Filze eventuell weitere Wollwolken auf.

4. Für die Ohren legst du jeweils eine kleine Wollflocke in die offene Hand, besprenkelst sie mit Seifenlauge und filzt sie im Handteller rund. Wasche sie besonders gründlich aus, da weißer Filz sonst vergilbt.

5. Nach dem Trocknen befestigst du die Mäuseohren mit Alleskleber. Soll deine Maus noch Augen und ein Näschen bekommen, klebe oder nähe einfach kleine Perlen auf. Für die Schnurrhaare ziehst du jeweils drei Fadenstücke bis zur Mitte durch den Filz und befestigst sie an der Ein- und Ausstichstelle mit etwas Kleber.

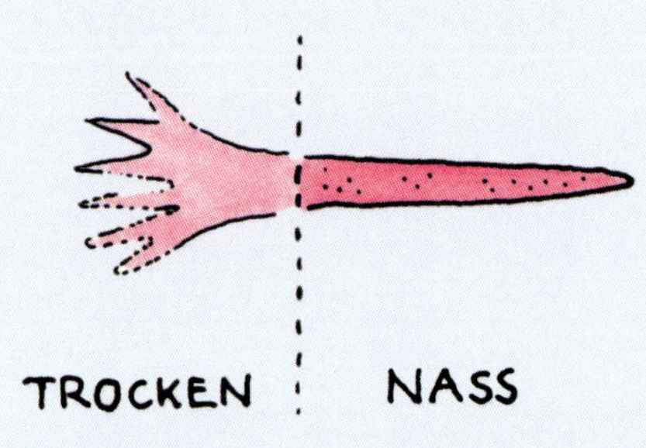

Schäfchen zählen!

Das brauchst du:

Für alle Schafe
- Grundmaterial für das Filzen (siehe Seite 54)
- Wollflocken in Weiß
- lange Nadel, Faden
- Alleskleber
- eventuell Rocailles in Rosa, 2 mm Durchmesser

Kleines Schaf
- Vlieswolle in Natur, etwa 1 g für den Kopf, 2 g für den Körper

Mittelgroßes Schaf
- Vlieswolle in Natur, etwa 3 g für den Kopf, 5 g für den Körper

Großes Schaf
- Vlieswolle in Natur, etwa 4 g für den Kopf, 9 g für den Körper

So wird's gemacht:

1. Bereite den Arbeitsplatz vor und stelle die Schmierseifenlösung her. Wie das geht, siehst du auf Seite 55.

2. Kopf und Körper der Schafe fertigst du wie bei „Ball filzen" auf Seite 56/57 beschrieben. Die Form aber nicht nur rund rollen, sondern auch etwas oval, damit jeweils eine Eiform entsteht.

3. Die noch nassen fertigen Schafteile solltest du nun aneinander anpassen. Dazu massierst du an der Stelle, an der später der Kopf sitzt, sanft eine Mulde ein. Eventuell flachst du auch den Kopf zur Körperseite hin etwas ab. Achte darauf, dass der Körper einen guten Stand hat – bei Bedarf ausgleichen. Dann lässt du alles trocknen.

4. Die Schafohren bringst du trocken in Form – sie entspricht einer an einem Ende spitz auslaufenden, etwas abgeflachten Rolle. Nimm die Wolle in die Hand und filze sie rollend zu einer kleinen Schnur. Verfahre nun wie auf den Zeichnungen: Drücke die Wolle in der Mitte etwas flach (1), schneide sie dann mit der Schere in der Mitte durch (2). Filze die offenen Enden nochmals kurz fertig (3). Trocknen lassen.

5. Setze nun die Einzelteile zusammen. Befestige zuerst die Ohren mit Alleskleber. Jetzt setzt du den Kopf in die dafür vorgesehene Kuhle des Körpers und befestigst ihn mit wenigen Stichen. Soll der Kopf drehbar bleiben, dann arbeite ohne Klebstoff.

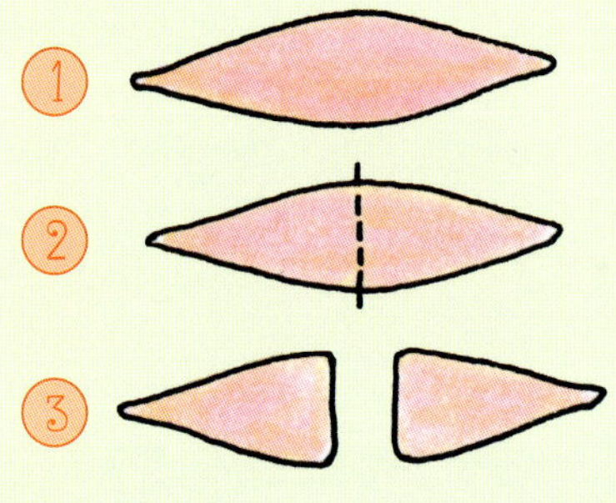

6. Wenn du möchtest, nähst du den Schäfchen noch Perlenaugen an oder stickst ein Schnäuzchen auf. Sie können zwischen den Ohren auch noch Kopfhaar aus Wolle bekommen – einfach ankleben!

Tipp: Wenn du möchtest, kannst du für die Ohren noch ein wenig rosafarbene Vlieswolle dazugeben.

Warm eingehüllt

Das brauchst du:

- Grundmaterial für das Filzen (siehe Seite 54)
- Vlieswolle in Gelb, etwa 10 g, Blaugrün, etwa 14 g, und Mittelblau, etwa 14 g (für die Flaschenhülle)
- handelsübliche Milchflasche, Inhalt 1 l, etwa 10 cm Durchmesser (wird etwa 18 cm hoch eingefilzt)
- Trinkflasche, rund, Inhalt 0,4 l, 8,5 cm Durchmesser
- 1/8 Kammzugsträhne in Gelb, etwa 1 m (für die etwa 70 cm lange Schnur)
- Ösen in Grün, 4 mm Durchmesser
- Ösenwerkzeug
- Kordelstopper in Gelb, 5 mm Durchmesser, etwa 2 cm lang
- Hammer
- wasserfester Filzstift
- scharfe Schere

So wird's gemacht:

1. Bereite den Arbeitsplatz vor und stelle reichlich Schmierseifenlösung her. Auf Seite 55 kannst du nachsehen, wie das gemacht wird.

2. Wiege die Wolle wie angegeben ab und lege sie getrennt bereit: für Rück- und Vorderseite, pro Filzlage und pro Farbe.

3. Lege die Milchflasche auf den Arbeitsplatz. Zupfe die Vlieswolle und lege sie wie im Grundkurs auf Seite 55 beschrieben auf. Arbeite in Stufen von unten nach oben: Abschnitt belegen, mit Lauge begießen, Wollflocken mit Noppenfolie andrücken. Die Seifenlauge fließt von oben nach unten ab, also sorgfältig und langsam nässen, andrücken, etwas drehen, nässen usw. Eine Markierung mit wasserfestem Filzstift oben an der Milchflasche hilft dir, zu erkennen, wann du die Flasche einmal umrundet hast.

4. Hast du alle vier Wolllagen kreuzweise aufgebracht, arbeitest du gemäß „Fläche filzen“, Schritt 1 und 2 auf Seite 59, weiter. Prüfe dabei immer wieder die Verdichtung – die Milchflasche muss wieder ausgezogen werden können. Den Boden solltest du besonders sorgfältig filzen, damit die Flasche gut steht. Sind die Fasern gut verbunden, drehst du die Flasche vorsichtig aus der Umfilzung heraus.

5. Filze nun die Flaschenhülle von innen – dabei ganz sanft beginnen! Nach ausreichendem Verdichten der Wolle, spüle die Hülle mit klarem Wasser.

6. Nun walkst du die Flaschenhülle. Schiebe zu Beginn des Walkens eine dreifach gefaltete Noppenfolie in die Hülle. Besprenge sie mit heißem Wasser und walke sanft (siehe Seite 59). Dann wickelst du sie aus und ziehst sie in Form. Haben sich die Fasern innen gut verbunden, kannst du ohne Folie weiterarbeiten. Zwischendurch die Form

immer wieder an der Original-Trinkflasche prüfen. Den oberen Rand der Form solltest du vielleicht noch mit der Schere begradigen und rund filzen.

7. Die Schnur arbeitest du wie auf Seite 58 beschrieben. Dann stanzt du mit dem Ösenwerkzeug 1,5 cm vom oberen Rand sechs Löcher in die Filzhülle. Stecke die Ösen hinein und klopfe sie mit dem Hammer von der Rückseite fest. Fädele nun die Schnur ein, befestige den Kordelstopper und verknote dann die Kordelenden.

Frohe Ostern

Das brauchst du:

Für alle 15 Filzanhänger

- Filzwolle, je 25 g in Natur, Gelb, Pink, Schwarz, Gelb-Orange meliert und Pink-Gelb-Rot meliert
- Filznadel zum Trockenfilzen
- Filzunterlage (Schaumstoffunterlage)
- Nähnadel, passendes Nähgarn
- 10 Pailletten, gewölbt, in Pink, 6 mm Durchmesser
- 10 Rocailles mit Silbereinzug in Pink, 2 mm Durchmesser
- Plätzchen-Ausstechformen „Hasen“, 12,5 cm bzw. 10 cm hoch, „Ei“ und „Schmetterling“

So wird's gemacht:

1. Die Hasen sind etwa 6 x 10 cm bzw. 7 x 12,5 cm groß, ein Ei etwa 5 x 7 cm und ein Schmetterling etwa 8 x 8 cm. Alle Aufhänger werden auf die gleiche Weise trocken mit der Filznadel in Ausstechformen gefilzt. Lege zunächst die jeweilige Ausstechform auf die Filzunterlage. Dann nimmst du etwas Filzwolle, zupfst sie leicht auseinander und legst sie in die Form.

2. Die Filznadel hat kleine Widerhaken, dadurch verdichten sich beim wiederholten Einstechen und Herausziehen die Fasern. Stich so tief in die Fasern ein, dass alle Widerhaken in der Wolle sind. Falls du erst jetzt merkst, dass du zu wenig Wolle in der Form hast, kannst du noch Wolle in die Form legen und verfilzen.

3. Ist ein dickes Filzvlies entstanden, löst du das Motiv vorsichtig aus der Form. Dreh es um, lege die Ausstechform wieder auf und filze nun von der Rückseite. Dann entfernst du die Form und stichst waagerecht in die Ränder.

4. Filze auf diese Weise (Schritt 1 bis 3) zwei Eier in Gelb-Orange meliert und drei Eier in Pink-Gelb-Rot meliert.

5. Filze ebenso (Schritt 1 bis 3) je einen Schmetterling in Natur, Gelb-Orange meliert und Pink-Gelb-Rot meliert sowie zwei Schmetterlinge in Gelb.
Lege je Schmetterling für den Körper schwarze Wolle mittig zwischen die Flügel, lass etwas Wolle überstehen. Filze die Wolle vorsichtig auf, auch auf der Rückseite. Dann formst du für den Kopf die überstehende Wolle zu einer kleinen Kugel und filzt sie fest. Filze

unten nur leicht und drehe das Ende zu einer Spitze.

6. Nun filzt du auf diese Weise (Schritt 1 bis 3) drei große und zwei kleine Hasen in Pink.
Für das Halsband und den Schwanz lege naturfarbene Wolle in die Form und filze sie von beiden Seiten vorsichtig auf.

7. Befestige je einen etwa 30 cm langen Nähfaden als Aufhängung an den einzelnen Anhängern. Die Augen der Hasen aus je einer Paillette und einer Rocaille gegengleich aufnähen. Dabei darauf achten, dass die Rocaille in der Wölbung der Paillette liegt.

So lernst du Häkeln

Das brauchst du:

- Häkelgarn
- Häkelnadel, Schere

Anfangsschlinge und Luftmaschen

Stell dir einen Knoten vor. Aber anstatt das Fadenende durch die Schlinge zu ziehen, ziehst du eine weitere Schlinge durch. Diese ziehst du über den Kopf der Häkelnadel, dies ist die Anfangsschlinge. Zieh sie fest. Nun klemmst du den Faden zwischen kleinen und Ringfinger, lässt ihn über Ring- und Mittelfinger nach oben laufen und wickelst ihn einmal um den Zeigefinger.

Jetzt wandert die Häkelnadel nach oben und schnappt sich den Faden. Das gelingt, indem du die Häkelnadel unter dem Faden, den sie nehmen will, durchführst und dann drehst. Jetzt hält der Haken am Kopf der Häkelnadel den Faden fest.

Dreh die Häkelnadel so weit, bis der Kopf praktisch nach unten schaut. Jetzt die Häkelnadel durch die Anfangsschlinge hindurchziehen. Du hast eine Luftmasche gemacht.

Luftmaschen sind der Anfang für jede Häkelarbeit.

Feste Maschen

Um feste Maschen zu häkeln, musst du mit der Häkelnadel in eine Luftmasche einstechen, durchgehen, den Faden holen und durch die Luftmasche ziehen. Du hast nun zwei Schlingen auf der Häkelnadel.

Jetzt musst du den Faden von oben (vom Zeigefinger) holen ...

... und ihn durch die beiden Schlingen auf der Häkelnadel ziehen.

Fertig ist die feste Masche. Jetzt geht es weiter mit der nächsten Luftmasche: Reinstechen, Faden holen, durchziehen ... Immer so weiter.

Kettmaschen

Stich in die zweite Masche von der Nadel aus ein. Lege den Faden um die Nadel und ziehe diesen Umschlag durch alle Schlingen.

Die Kettmasche ist fertig. Wiederhole den Vorgang für jede weitere Kettmasche, die gearbeitet werden soll.

Halbe Stäbchen

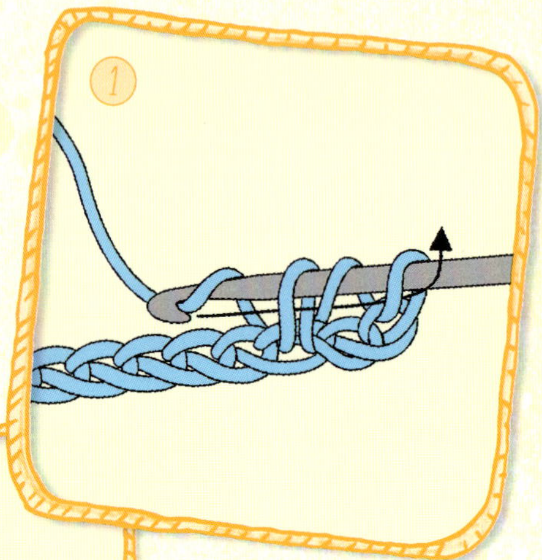

Mache einen Umschlag und stich in die vorgesehene Masche ein und hole den Faden durch. Jetzt sind drei Schlingen auf der Nadel.

Nun holst du noch einmal den Faden und ziehst ihn durch alle drei Schlingen. Das halbe Stäbchen ist fertig.

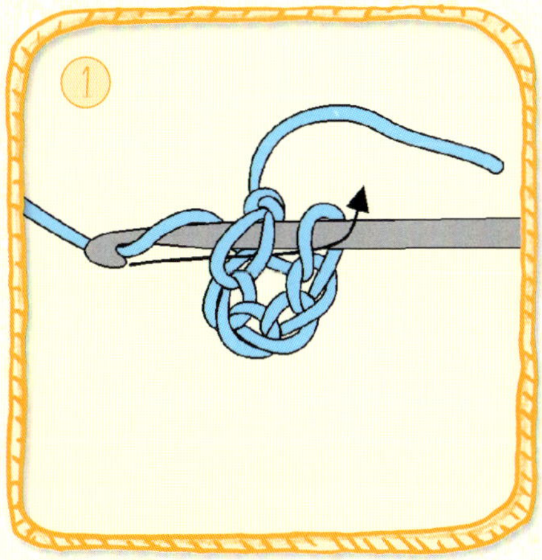

Spiralrunden häkeln

Häkle fünf Luftmaschen. Stich mit der Nadel in die erste Masche ein. Schließe mit einer Kettmasche die Luftmaschen zu einem Ring.

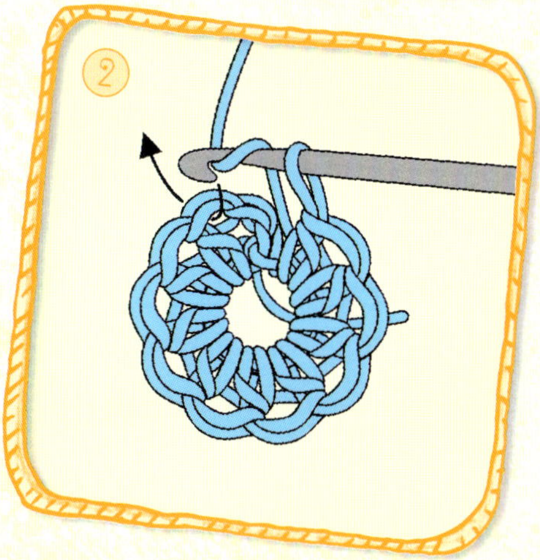

Häkle in der ersten Runde zwei Ersatzluftmaschen für das erste halbe Stäbchen und neun halbe Stäbchen in den Luftmaschenring. Am besten markierst du nun den Rundenanfang mit einem farbigen Faden, denn jetzt schrauben sich die Runden spiralförmig fort, dabei ist der Rundenanfang schwer zu erkennen.

Häkle nun in jede Masche so viele halbe Stäbchen, wie in der entsprechenden Anleitung angegeben.
Natürlich kannst du auch feste Maschen in solchen Spiralrunden arbeiten.

Maschen zunehmen

Zunehmen ist beim Häkeln gar nicht schwierig. Du häkelst immer nur zwei oder mehr Maschen in eine Einstichstelle (Masche) und das so viele Male, wie Maschen zugenommen werden sollen.

Buntes Haarband

Das brauchst du:

- Baumwollgarn, je 50 g oder ein Rest in Rosa-Hellblau-Mint-Hellgelb meliert und Lila-Pink-Blau-Gelb meliert
- Häkelnadel Nr. 3
- Wollnadel (mit großem Nadelöhr)
- Gummikordel in Blau, etwa 16 cm lang
- evtl. Bleistift

So wird's gemacht:

1. Das fertige Haarband ist etwa 16 cm lang.
Häkle aus beiden Farben des Baumwollgarns je eine Luftmaschenkette von etwa 100 cm Länge. Wie das geht, siehst du auf Seite 74. Danach den Faden abschneiden. Die Fadenenden der Luftmaschenketten vernähst du.

2. Verknote nun die Gummikordel an den Enden, sodass ein Ring entsteht. Lege die Luftmaschenketten der Länge nach zusammen und verknote jeweils die Enden miteinander.

3. Drehe nun die Luftmaschenketten zur Kordel. Dafür die zusammengeknoteten Luftmaschenketten an einer Seite an einem festen Gegenstand (zum Beispiel an der Türklinke) einhängen und an der anderen Seite einen Bleistift durchstecken. Danach mit dem Bleistift in eine Richtung drehen, bis die Luftmaschenketten stark ineinander verdreht sind. Nun die Gummikordel auf die gedrehten Luftmaschenketten ziehen und mittig legen. Die Luftmaschenketten doppelt legen, sodass sie sich einkordeln, vom festen Gegenstand lösen und die Kordelenden miteinander verknoten. Die Gummikordel ist an einem Kordelende schon fest, das andere Kordelende an der Gummikordel anknoten.

Vögel im Anflug

Das brauchst du:

Für sechs Häkel-Vögel und einen Filz-Vogel

- Baumwollgarn, je 50 g oder einen Rest in Gelb meliert, Rosa meliert, Orange meliert, Bunt meliert, Orange-Rot-Pink-Lila meliert, Mint-Blau meliert und Schwarz
- Häkelnadel Nr. 4
- Bastelfilz in Rosa und Orange
- Wackelaugen, 12 Stück mit 8 mm Durchmesser und 2 Stück mit 12 mm Durchmesser
- Perlonfaden, 1 mm stark
- Sticknadel
- Nähnadel, transparentes Nähgarn
- Markierstift, selbstlöschend
- Lineal, Zirkel
- Schere, Klebstoff

So wird's gemacht:

Häkel-Vögel

1. Die fertigen Häkel-Vögel sind etwa 11 x 11 cm groß. Schneide zuerst für die Schnäbel drei Quadrate von je 3,5 x 3,5 cm aus Bastelfilz in Orange und teile sie jeweils in zwei Dreiecke.

2. Die Vogelkörper werden je einmal in Gelb meliert, Rosa meliert, Orange meliert, Bunt meliert, Orange-Rot-Pink-Lila meliert und Mint-Blau meliert gehäkelt. Wie du Luftmaschen anschlägst, Kettmaschen, feste Maschen und Spiralrunden häkelst, siehst du auf den Seiten 74 bis 77.
Schlage für den Körper 7 Luftmaschen an, schließe sie mit einer Kettmasche zur Runde und häkle dann in Spiralrunden fortlaufend feste Maschen. Falls nichts anderes angegeben ist, häkelst du in jede feste Masche 1 feste Masche. Den Rundenanfang markierst du mit einem Kontrastfaden.
1. Runde: 7 feste Maschen häkeln.
2. und 3. Runde: In jede feste Masche 2 feste Maschen häkeln (= 28 feste Maschen).
4. Runde: Feste Maschen häkeln.
5.–7. Runde: In jeder Runde gleichmäßig verteilt 14-mal 2 feste Maschen in eine feste Masche arbeiten (= 70 feste Maschen).
8. Runde: Feste Maschen häkeln.
Den Faden abschneiden.

3. Die Körper legst du doppelt. Für die Schnäbel legst du sechs Bastelfilz-Dreiecke an den langen Seiten doppelt und nähst sie am seitlichen Rand (= Kopf) mit Nähgarn in den Körper.

4. Für die Beine schneidest du aus schwarzem Garn zwölf Fäden von je etwa 40 cm Länge und drehst je zwei Fäden zu einer Kordel. Die Enden verknoten. Lege die Kordeln doppelt und nähe sie mittig auf der Innenseite in den Körper. Die kleinen Wackelaugen aufkleben. Als Aufhänger befestigst du Perlonfäden mittig am Rücken.

Filz-Vogel

1. Arbeite den Schnabel wie bei den Häkel-Vögeln beschrieben. Für den Körper schneidest du aus dem rosafarbenen Filz einen Kreis von etwa 13 cm Durchmesser. Lege den Körper doppelt. Auf einer Seite zeichnest du nun den gewünschten Namen mit dem selbstlöschenden Markierstift auf und stickst die Linien mit Baumwollgarn in Gelb meliert mit Stielstichen nach (siehe Seite 112).

2. Die Beine arbeitest du als Kordel. Näh Schnabel und Beine in den Körper, klebe Wackelaugen auf und befestige einen Aufhänger.

Flippige Flip-Flops

Das brauchst du:

Für beide Flip-Flop-Modelle
- Häkelnadel Nr. 3,5
- Wollnadel mit großem Öhr
- einfache Flip-Flops in Pink oder Rosa in deiner Schuhgröße

Flip-Flops in Pastell
- Baumwollgarn, 50 g in Pastell meliert

Flip-Flops in Mint
- Baumwollgarn, 50 g in Mint
- Paillettenborte in Rosé, 6 mm breit, etwa 28 cm
- Nähnadel, passendes Nähgarn

So wird's gemacht:

1. Zuerst umhäkelst du die Riemen auf den Flip-Flops mit festen Maschen in der entsprechenden Farbe. Dazu beginnst du am rechten Riemen und holst für jede Masche den Faden mit der Häkelnadel um den Riemen. Die quer liegenden v-förmigen Schlingen der festen Maschen ordnest du dabei schön gleichmäßig oben auf den Riemen an.

2. Die Blumen auf den Flip-Flops haben einen Durchmesser von etwa 8 cm. Du schlägst 2 Luftmaschen in der entsprechenden Farbe an. Dann häkelst du in Runden wie folgt:
1. Runde: 10 feste Maschen in die 2. Luftmasche von der Nadel aus.
2. Runde: 5 Luftmaschen, 1 feste Masche in die 1. feste Masche der 1. Runde (= 1 Luftmaschenbogen), * 5 Luftmaschen, 1 feste Masche übergehen, 1 feste Masche in die folgende feste Masche, ab * 3 x wiederholen (= 5 Luftmaschen-Bogen).
3. Runde: In jeden Luftmaschen-Bogen 6 feste Maschen häkeln. Die inneren Blütenblätter sind fertig. Häkle nun nach dem letzten Bogen 1 zusätzliche Luftmasche und für die äußeren Blütenblätter wie folgt weiter:
4. Runde: 1 feste Masche in die feste Masche der 2. Runde, dabei von hinten in die Masche einstechen, * 10 Luftmaschen, 1 feste Masche von hinten in die folgende feste Masche der 2. Runde (= 1 Luftmaschen-Bogen), ab * 4 x wiederholen (= 5 Luftmaschen-Bogen).
5. Runde: In jeden Luftmaschen-Bogen 14 feste Maschen häkeln. Danach den Faden abschneiden. Je 2 Blumen in Pastell meliert und Mint häkeln.

3. Jetzt vernähst du alle Fäden. Die Paillettenborte schneidest du in zwei gleich große Stücke, so lang wie der Riemen. Die Borte mit dem Nähgarn und der Nähnadel auf die Riemen der Flip-Flops in Mint nähen. Alle Blumen auf die Riemen nähen.

Trendige Täschchen

Das brauchst du:

Für beide Täschchen
- Häkelnadel Nr. 4
- Nähnadel, passendes Nähgarn

Täschchen in Orange
- Baumwollgarn, 50 g in Orange
- Glasstiftperlen in Grün, 7 mm, 1 Dose
- Quadratperlen in Grün, 8 mm, 1 Dose

Täschchen in Orange-Rot-Lila meliert
- Baumwollgarn, 50 g in Orange-Rot-Lila meliert
- Pailletten in Rot, 10 mm, und in Pink, 8 mm, je 1 Dose
- Facettenperlen in Orange, matt, 4 mm, 1 Dose
- Rocailles in Rot, ca. 2,5 mm Durchmesser, 1 Dose

So wird's gemacht:

1. Ein fertiges Täschchen hat eine Größe von etwa 14 x 13 cm (ohne Trageriemen). Beide Täschchen werden auf die gleiche Weise gehäkelt. Für ein Täschchen schlägst du 25 Luftmaschen und 1 Wendeluftmasche an und häkelst dann feste Maschen, auf Seite 75, siehst du, wie das geht. Wenn du 75 Reihen (= 34 cm) gehäkelt hast, ist das Taschen-Rechteck fertig, du kannst den Faden abschneiden.

2. Für den Trageriemen brauchst du 84 Luftmaschen und 1 Luftmasche zum Wenden. In die Luftmaschen häkelst du 2 feste Maschen, nur in die letzte Luftmasche 3 feste Maschen. Nun wechselst du auf die gegenüberliegende Seite und häkelst auch in die Anschlagreihe feste Maschen, in die letzte Masche zwei feste Maschen. Dann beendest du den Riemen mit 1 Kettmasche, wie diese gehäkelt wird, siehst du auf Seite 76.

3. Schlage nun die untere Schmalseite des Taschen-Rechtecks 13 cm breit nach vorne um und häkle die seitlichen Ränder mit festen Maschen zusammen. Die restlichen 8 cm der oberen Schmalseite schlägst du als Taschenklappe nach vorne um. Den Trageriemen nähst du am seitlichen Rand fest.

4. Die Taschenklappe des orangefarbenen Täschchens bestickst du mit Quadratperlen und Glasstiften besticken. Auf die Taschenklappe des melierten Täschchens nähst du rote Pailletten mit je einer Facettenperle. Auf der Taschenvorderseite legst du siebenmal je eine rote und pinkfarbene Paillette aufeinander und nähst sie zusammen mit je einer Rocaille fest.

Wuschel

Das brauchst du:

Für beide Wuschelköpfe

- Füllwatte oder je 1 Styroporkugel, 5 cm Durchmesser
- Häkelnadel Nr. 2
- Sticknadel, Schere

Wuschelkopf in Pink

- Garn, 50 g oder ein Rest in Natur, ein Rest in Schwarz
- Fransengarn in Pink
- 2 Knöpfe in Schwarz, 2,2 cm Durchmesser
- 2 Knöpfe in Pink, 1,7 cm Durchmesser

Wuschelkopf in Grün

- Garn, 50 g oder ein Rest in Weiß, ein Rest in Schwarz
- Fransengarn in Grün
- 2 Knöpfe in Orange, 1,8 cm Durchmesser
- 2 bunte Knöpfe, 1,4 cm Durchmesser

So wird's gemacht:

1. Häkle fest, damit das Häkelteil die richtige Form erhält. Häkelst du ziemlich locker, brauchst du vielleicht eine Runde weniger. Häkle zuerst eine Halbkugel in Natur für den Wuschelkopf in Pink oder in Weiß für den Wuschelkopf in Grün. Häkle dafür 5 Luftmaschen und schließe sie mit 1 Kettmasche zum Ring. Häkle 2 Ersatzluftmaschen für das 1. halbe Stäbchen und 9 halbe Stäbchen in den Ring. Markiere den Rundenanfang mit einem farbigen Faden. Häkle in Spiralrunden weiter, wie das geht, steht auf Seite 77.

2. Häkle in der 2. Runde abwechselnd 2 halbe Stäbchen und 1 halbes Stäbchen in 1 Masche, du erhältst 15 halbe Stäbchen. Häkle die 3. Runde ebenso, du erhältst 23 halbe Stäbchen. Häkle auch die 4. Runde so, du erhältst 35 halbe Stäbchen. Häkle in der 5. Runde 1 halbes Stäbchen in jede Masche und nimm in jeder Runde dabei 7-mal gleichmäßig verteilt 1 halbes Stäbchen zu, du erhältst 42 halbe Stäbchen. Häkle in der 6. und 7. Runde in jede Masche 1 halbes Stäbchen, beende die Arbeit mit 1 Kettmasche. Häkle nun eine zweite Halbkugel mit Fransengarn in Pink bzw. in Grün.

3. Nun legst du jeweils beide Halbkugeln links auf links aufeinander, fädelst einen Faden mit Knoten in die Sticknadel, dann stichst du am Rand zwischen den Halbkugeln von innen nach außen und ziehst den Faden durch. Nähe die beiden Teile so am Rand entlang bis zur Hälfte zu.

4. Jetzt muss die Kugel gefüllt werden. Lege dafür die Styroporkugel in die „Höhle" oder stopfe die „Höhle" fest mit Füllwatte aus. Anschließend nähst du die Kugel komplett zu.

5. Zum Schluss stickst du die Nase in Schwarz auf und nähst die Knöpfe als Augen an.

Lustige Häkelmaus

Das brauchst du:

- Baumwollgarn, 2 Knäuel (100 g) in Gelb-Rosa-Pink meliert
- Makrameegarn, ein Rest in Rosa
- Häkelnadel Nr. 4
- Sticknadel
- Füllwatte
- 2 Wackelaugen, 15 mm Durchmesser
- Klebstoff

So wird's gemacht:

1. Diese lustige Maus ist etwa 22 x 24 cm groß.
Kopf, Körper und Beine werden in einem Stück gehäkelt. Dazu schlägst du 26 Luftmaschen an. Wie das geht, siehst du auf Seite 74. Darauf häkelst du 25 feste Maschen und eine Wendeluftmasche pro Reihe. Auf Seite 75 ist genau beschrieben, wie feste Maschen gehäkelt werden. Nach 52 cm = 120 Reihen ab Anschlag ist das Rechteck für Körper, Kopf und Beine fertig.

2. Die Arme werden in Spiralrunden gehäkelt, wie das geht, kannst du auf Seite 77 sehen. Häkle zweimal wie folgt: 2 Luftmaschen anschlagen und in die 2. Luftmasche von der Nadel aus 5 feste Maschen häkeln, dabei solltest du den Rundenanfang mit einem Kontrastfaden markieren. Nun werden immer weiter feste Maschen gehäkelt: In der 2 Runde in jede Masche der Vorrunde 2 feste Maschen = 10 Maschen. In der 3 Runde häkelst du in jede 2. Masche 2 feste Maschen = 15 Maschen. Nun häkelst du für die 4. Runde in jede 3. Maschen 2 feste Maschen = 20 Maschen. Mit dieser Maschenzahl häkelst du noch 12 Runden.

3. Die Schnauze arbeitest du genau wie den Arm bis zur 2. Runde = 10 Maschen. Häkle mit dieser Maschenzahl noch 2 Runden. Nun stopfst du die Schnauze und beide Arme mit Füllwatte aus, die Arme zu den Öffnungen hin nur leicht füllen und flach zusammennähen.

4. Jetzt legst du das Rechteck doppelt so vor dich hin, dass die offenen Schmalseiten unten sind und der Bruch oben. Den Körper nähst du an den Seiten zusammen, dabei nimmst du etwa 7 cm von der Bruchkante die zusammengehefteten Arme mit in die Naht. Für die Ohren bindest du die oberen Ecken etwa 2 cm breit ab. Den Körper füllst du bis auf die unteren etwa 10 cm mit Füllwatte und nähst die unteren 8 cm von Vorder- und Rückenteil mittig zusammen, so entstehen die Beine. Diese stopfst du nun ebenfalls mit Füllwatte aus und nähst sie zu. Die Schnauze laut Foto annähen. Die Wackelaugen leicht schräg aufkleben. Für die Barthaare ziehst du mit der Sticknadel drei etwa 15 cm lange Makrameefäden seitlich von links nach rechts durch die Schnauze und knotest sie eng an der Schnauze an, dann kürzt du die Barthaare auf etwa 4 bis 5 cm.

Spiralos

Das brauchst du:

Für beide Spiralos
- je 1 Styroporkugel, 5 cm Durchmesser, oder Füllwatte
- Füllwatte
- Häkelnadel Nr. 2
- je 2 bunte Knöpfe, 1,4 cm Durchmesser
- Sticknadel, Schere

Spiralo mit roter Spirale
- Garn, Reste in Grün, Gelb, Rot und Weiß
- 2 Knöpfe in Weiß, 2 cm Durchmesser

Spiralo mit gelber Spirale
- Garn, Reste in Lila, Blau, Gelb und Weiß
- 2 durchsichtige Knöpfe, 2 cm Durchmesser

So wird's gemacht:

1. Die Farbangaben für den Spiralo mit gelber Spirale stehen immer in Klammern. Häkle zuerst eine Halbkugel in Grün (Lila). Wie das geht, kannst du auf Seite 86 in Schritt 2 bis 3 nachlesen. Beginne die 2. Halbkugel in Gelb (Blau), dann wechselst du nach 5 Runden die Farbe und häkelst die letzten beiden Runden in Grün (Lila). Nun nähst du die Halbkugeln, wie bei den Wuschelköpfen in Schritt 4 und 5 auf Seite 86 beschrieben, zusammen und füllst sie aus.

2. Häkle als Füße vier kleine Halbkugeln in Rot (Gelb). Schlage dafür 3 Luftmaschen an und schließe sie mit 1 Kettmasche zum Ring. Häkle in den Ring 2 Luftmaschen und 5 halbe Stäbchen. Häkle in der 2. Runde jeweils 2 halbe Stäbchen in 1 Masche (= 12 halbe Stäbchen). Häkle in der 3.–4. Runde in jede Masche 1 halbes Stäbchen. Beende die Arbeit mit 1 Kettmasche. Stopfe die Füße mit Füllwatte aus.

3. Für die Haarspirale schlägst du 100 Luftmaschen in Rot (Gelb) an. Nach 2 Wendeluftmaschen häkelst du 1 halbes Stäbchen in jede Luftmasche. Lege dieses Band zur Spirale und nähe sie an den Kopf.

4. Häkle für den Schwanz in Grün (Lila) 4 Luftmaschen und schließe sie mit 1 Kettmasche zum Ring. Häkle weiter wie in Schritt 2 beschrieben. Häkle in der 3. Runde 1 halbes Stäbchen in jede Masche und nimm dabei 4-mal gleichmäßig verteilt 1 halbes Stäbchen zu (= 16 halbe Stäbchen). Beende die Arbeit mit 1 Kettmasche. Häkle eine zweite Halbkugel. Nähe beide Halbkugeln halb zusammen, stopfe sie aus und nähe sie zu. Mit 20 Luftmaschen die Kugel mit der Figur verbinden.

5. Für den Bart knüpfst du 3 cm lange, weiße Fäden ins Gesicht (siehe Seite 102). Nähe alle Teile zusammen. Sticke die Nase in Rot auf und nähe die Knöpfe als Augen an.

Sternenzauber

Das brauchst du:

- Baumwoll-Häkelgarn in Orange-Gelb meliert, Rot-Orange-Pink meliert, Gelb meliert und Orange meliert, 1 Knäuel (50 g) ist ausreichend für etwa sechs Sterne
- Häkelnadel Nr. 4
- Glasstifte in Orange und Rot, 2 mm Durchmesser, 7 mm lang
- Rocailles in Klar, Rot und Orange matt, 4 mm Durchmesser
- Nähnadel, transparentes Nähgarn
- Schere

So wird's gemacht:

1. Um diese etwa 10 cm großen Sterne zu häkeln, musst du Luftmaschen, feste Maschen und Kettmaschen arbeiten können, wie das geht, steht auf den Seiten 74 bis 76.
Die Sternmitte häkelst du in Spiralrunden (feste Maschen rund wie eine Spirale häkeln, siehe Seite 77). Dafür schlägst du 2 Luftmaschen an und häkelst für die 1. Runde in die 2. Luftmasche von der Nadel aus 5 feste Maschen, markiere den Rundenanfang mit einem Kontrastfaden. In der 2. Runde häkelst du in jede feste Masche der Vorrunde 2 feste Maschen (= 10 feste Maschen). In der 3. Runde häkelst du feste Maschen, dabei in jede 2. feste Masche 2 feste Maschen (= 15 feste Maschen). In der 4. Runde häkelst du feste Maschen, dabei in jede 3. feste Masche 2 feste Maschen (= 20 feste Maschen). Diese Runde mit 1 Kettmasche in die folgende feste Masche schließen.

2. Nun arbeitest du die Zacken in Hin- und Rückreihen, dabei häkelst du zum Wenden je 1 Luftmasche zusätzlich. Die 1. Zacke über 4 feste Maschen arbeitest du wie folgt: In der 1. und 2. Reihe in jede der 4 festen Maschen je 1 feste Masche häkeln. In der 3. Reihe 1 feste Masche in die 1. feste Masche, 2 feste Maschen zusammen abmaschen (das bedeutet: für jede feste Masche eine Schlinge durchholen, danach mit 1 Umschlag alle auf der Nadel befindlichen Schlingen zusammen abmaschen), 1 feste Masche in die 4. feste Masche. In der 4. Reihe in jede feste Masche 1 feste Masche häkeln. In der 5. Reihe 3 feste Maschen zusammen abmaschen (das bedeutet: für jede feste Masche eine Schlinge durchholen, danach mit 1 Umschlag alle auf der Nadel befindlichen Schlingen zusammen abmaschen) = 1 feste Masche. Danach häkelst du 1 Luftmasche und ziehst diese fest an. Anschließend gehst du mit 5 Kettmaschen am linken Rand der Zacke weiter, dabei stichst du für die 5. Kettmasche in dieselbe Einstichstelle wie bei der letzten festen Masche der 1. Zackenreihe ein. Häkle die 2. bis 5. Zacke jeweils über die nächsten 4 festen Maschen genauso.

3. Als Abschluss häkelst du 1 Runde feste Maschen um den ganzen Stern, dabei arbeitest du an jeder Sternspitze 3 feste Maschen in 1 Einstichstelle. Schließe die Runde mit 1 Kettmasche in die 1. feste Masche und arbeite am rechten seitlichen Rand der 1. Zacke zusätzlich noch Kettmaschen. Dann ziehst du für die Aufhängung eine Schlinge, schneidest den Faden ab und knotest die Schlinge an der Sternzacke fest.

4. Jetzt bestickst du die Sterne mit Perlen und Glasstiften. Verwende transparentes Nähgarn, dann sind die Stiche nicht zu sehen.

So lernst du Stricken

Das brauchst du:

- Strickgarn
- Stricknadeln
- Wollnadel (zum Vernähen der Fäden)
- Schere

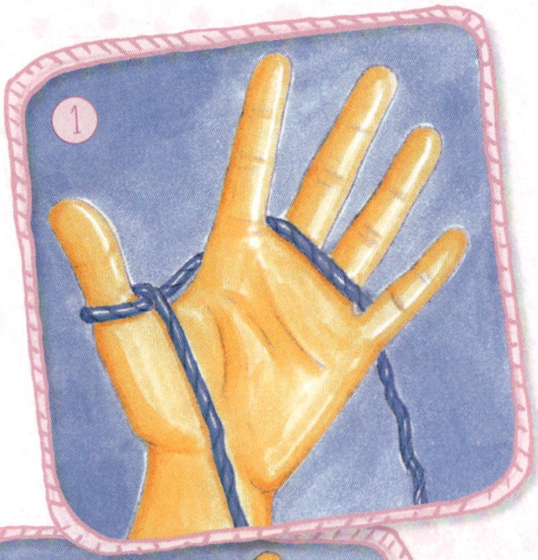

Maschen anschlagen

Zuerst wickelst du die Wolle um die Finger. Das geht genauso wie bei den Fingerschnüren auf Seite 6.

Für den Maschenanschlag musst du zunächst großzügig Wolle vom Knäuel abwickeln. Pro zehn Maschen, die du anschlagen möchtest, brauchst du etwa 25 cm. Gib immer noch 25 cm als Reserve dazu. Nimm beide Stricknadeln in die rechte Hand und schiebe sie durch die Wollschlaufe, die du vorhin um den Daumen gelegt hast.

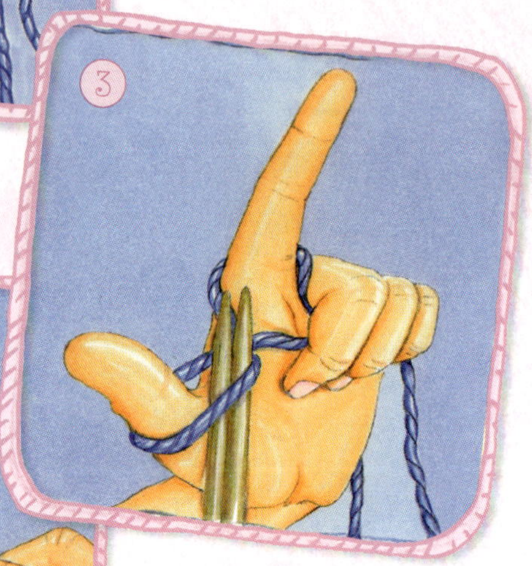

Mit den Nadelspitzen bewegst du dich in die Richtung des Fadens, der hinter dem Zeigefinger der linken Hand liegt.

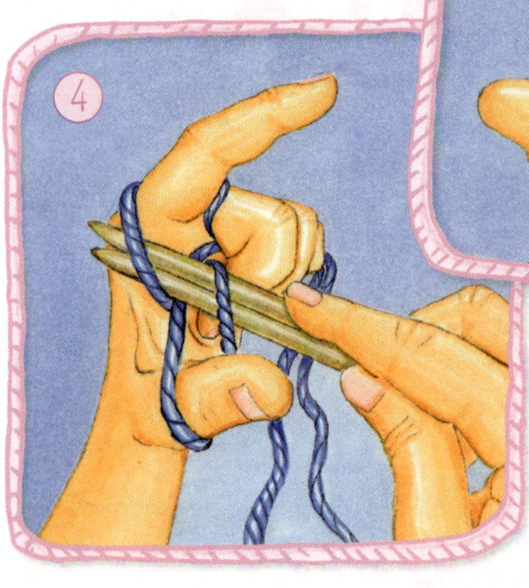

Dann kannst du den Faden mit einer kleinen „Verbeugung“ der Nadelspitzen auf die Nadeln heben.

Genau dieser Faden wird deine erste Masche! Mit einer großen „Verbeugung“ ziehst du diesen Faden nun durch die Daumenschlaufe zu dir zurück.

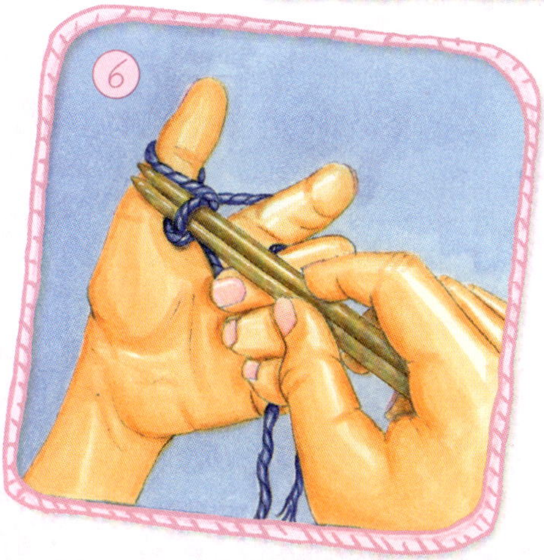

Fast geschafft! Du ziehst nun den Wollfaden immer weiter durch die Daumenschlaufe, bis du eine wunderschöne Masche auf der Nadel hast.
Nun lockerst und löst du ganz vorsichtig die Wollschlaufe, die um deinen Daumen liegt. Deine Masche bleibt dabei auf den Nadeln liegen!

Ganz behutsam lässt du die Wollschlaufe von deinem Daumen heruntergleiten. Dabei bleibt deine Masche weiter auf den Nadeln liegen.
Durch das Spreizen von Daumen und Zeigefinger kannst du deine Masche jetzt etwas zusammenziehen und somit fixieren.

Wiederhole den Anschlag so oft, bis die gewünschte Maschenanzahl erreicht ist. Danach eine der beiden Nadeln langsam und vorsichtig herausziehen. Alle deine Maschen sind auf einer Nadel versammelt.

Rechte Maschen

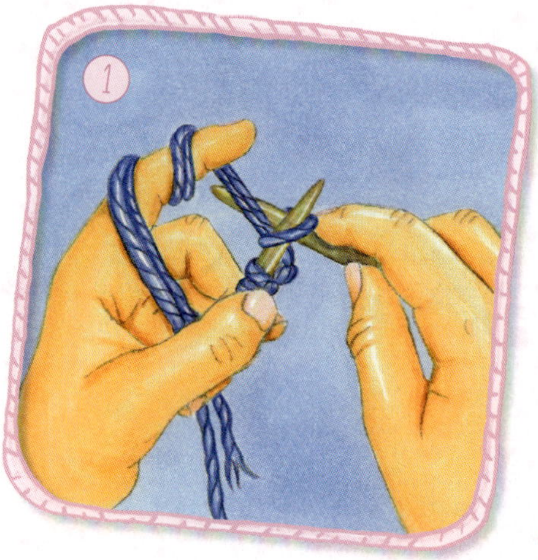

Jetzt werden die Anschlagmaschen als rechte Maschen abgestrickt. Die ersten drei bis fünf Maschen arbeitest du am besten mit doppeltem Wollfaden. Dazu wickelst du sowohl den Rest des Anschlagfadens als auch den Faden vom Wollknäuel um den Zeigefinger der linken Hand. Stich mit der noch leeren Nadel, die du in der rechten Hand hältst, von vorn in die erste Anschlagmasche auf der Nadel der linken Hand. Die Fäden liegen hinter der ersten Anschlagmasche.

Mit einer „Verbeugung" der rechten Nadel ziehst du die Fäden durch deine erste Anschlagmasche auf der linken Nadel hindurch.

Zum Abheben deiner ersten rechten Masche schiebst du mit dem Zeigefinger der rechten Hand langsam die Nadel der linken Hand etwas nach unten. Dabei wandern die Maschen dieser Nadel hoch. Jetzt kannst du die Masche sanft von der linken Nadel gleiten lassen.

Deine erste rechte Masche ist fertig! Stricke die nächsten zwei bis drei Anschlagmaschen genauso mit doppeltem Faden ab. Dann strickst du alle weiteren Maschen mit einfachem Faden. Ist die erste Reihe fertig, wendest du das Strickzeug. Deine leere linke Nadel wird nun deine rechte Nadel. Alle folgenden Reihen genauso stricken.

Linke Maschen

Bei der linken Masche wird der Faden, der von deinem Zeigefinger kommt, auf die Nadel gelegt. Er liegt also vor der Masche, die du abstricken willst.

Nun stichst du mit der Nadel der rechten Hand unter dem Faden hindurch und gleichzeitig in die erste Masche der linken Nadel.

Um den Faden bequem durch die Masche und den davorliegenden Faden ziehen zu können, führst du mit dem Mittelfinger deiner linken Hand den Faden, der vom Zeigefinger kommt, einfach etwas nach unten. Nimm den Faden mit deiner rechten Nadelspitze auf und schiebe ihn mit einer „Verbeugung“ nach hinten durch die Masche.

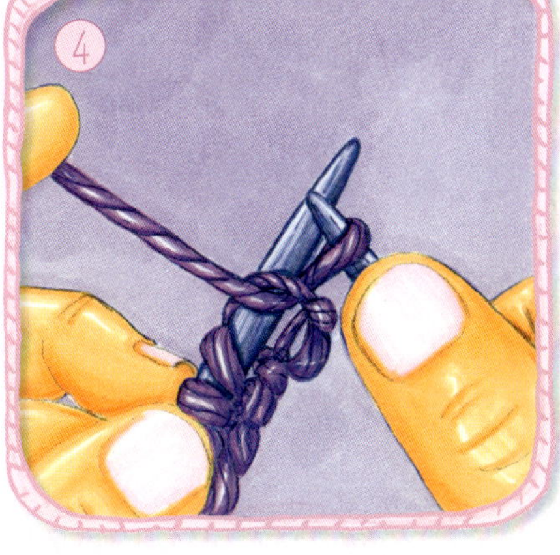

Schon fast geschafft: Die Schlaufe deiner ersten linken Masche liegt bereits auf deiner rechten Nadel. Diese Schlaufe nun mit Gefühl abheben. Das geht genauso wie bei der rechten Masche. Dabei schiebst du wieder mit dem Zeigefinger der rechten Hand langsam die Nadel der linken Hand etwas nach unten. Lass nun deine linke Masche sanft von der linken Nadel gleiten.

Farbwechsel

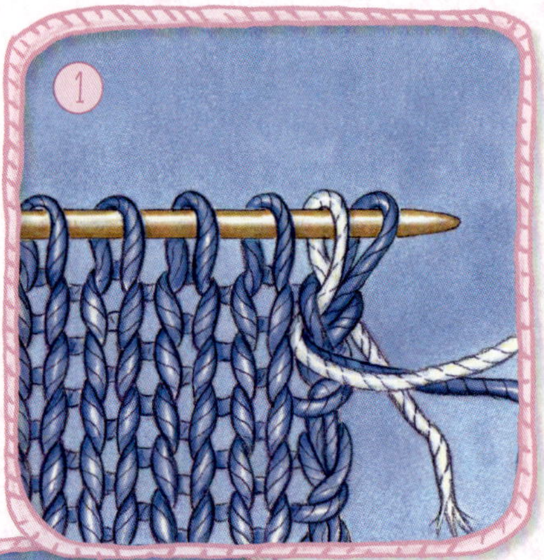

Wenn du die Farbe wechseln möchtest, dann stricke die letzte Masche der Reihe mit zwei Wollfäden ab, nämlich mit deinem alten Faden und dem in der neuen Farbe. Lass ein Stückchen Wolle hängen, das du später vernähst.

Jetzt strickst du die erste Masche der nächsten Reihe wiederum mit beiden Fäden, altem und neuem, ab. Ab der zweiten Masche arbeitest du nur noch mit der neuen Farbe weiter. Um deinen alten Wollfaden mitzuführen, strickst du die Randmaschen auf der Seite, an welcher der alte Faden hängt, immer mit doppeltem Faden, also mit neuem und altem.

Abketten

Ist dein Strickstück lang genug, musst du abketten. Das geht so: Du strickst die ersten beiden Maschen einer Reihe. Dann stichst du mit der linken Nadel in die erste abgestrickte Masche ein und ziehst sie über die zweite Masche.

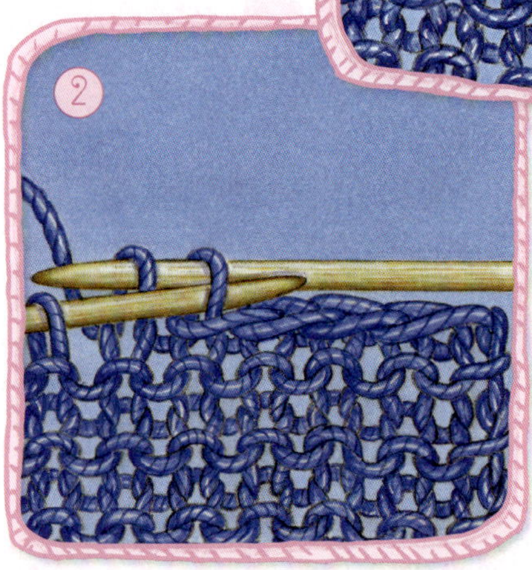

Dann strickst du die dritte Masche ab und ziehst die zweite Masche über die dritte. Wenn alle Maschen abgekettet sind, den Faden abschneiden und durch die letzte Masche ziehen.

Fäden vernähen

Zum Schluss werden die Fäden vernäht. Fädele dein Fadenende in eine stumpfe Sticknadel und ziehe den Faden schräg zwischen den Maschenreihen hindurch. Der Faden soll auf der Vorderseite nicht zu sehen sein.

Verlorene Maschen

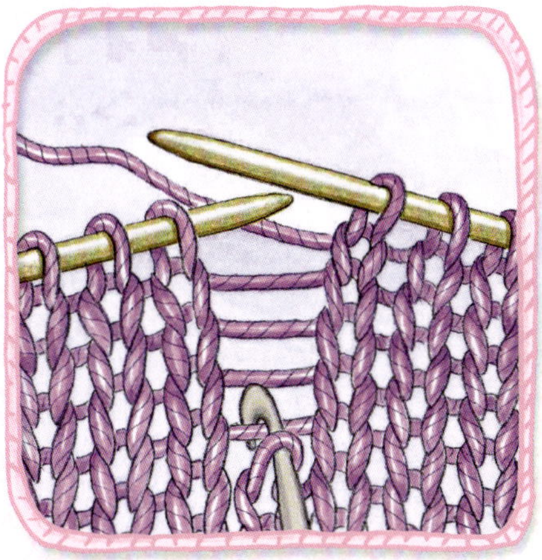

Ist dir eine Masche von der Nadel gerutscht, kannst du sie gut mit einer Häkelnadel wieder einfangen. Das klappt auch, wenn sie schon ein paar Stockwerke tiefer gefallen ist. Bei rechten Maschen nimmst du die gefallene Masche von vorne auf die Häkelnadel und holst den darüberliegenden Querfaden durch. Das machst du so oft, bis du wieder oben bei den Stricknadeln angekommen bist.

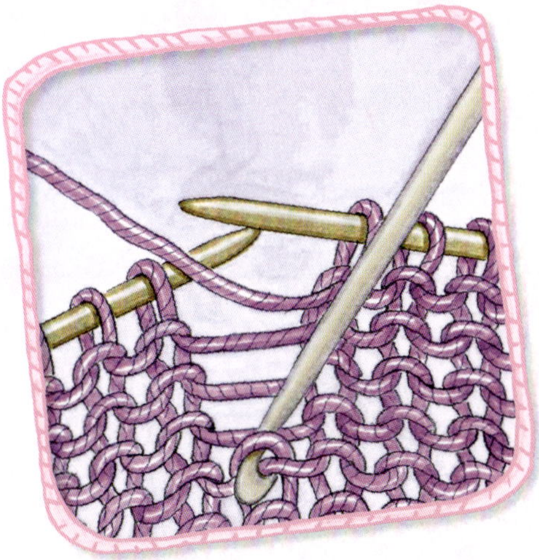

Bei linken Maschen stichst du von hinten in die gefallene Masche ein und ziehst den darüberliegenden Querfaden von vorne nach hinten durch die Masche. Bei kraus rechts gestrickten Reihen (Hin- und Rückreihen nur rechte oder linke Maschen) stichst du entsprechend dem Maschenbild mal von vorne, mal von hinten mit der Häkelnadel ein und holst die Laufmasche nach oben.

Schleifen und Falter

Das brauchst du:

Für alle Schmetterlinge und Schleifen:

- Baumwollgarn, Reste in Hellblau, Gelb, Rosa, Rot meliert, Orange und Lila
- Stricknadeln Nr. 3,5 und 4
- stumpfe Sticknadel
- Bunte Stoff- oder Filzreste
- Wollfilz, Reste in Hellblau, Rot und Gelb
- Chenilledraht
- Pailletten, Perlen, Glitzerstift
- Haargummis, Stecknadel
- Nähnadel, passendes Nähgarn
- Transparentpapier, Bleistift
- Alleskleber, Schere

So wird's gemacht:

1. Für die Schmetterlinge und die große Schleife schlägst du je 20 Maschen an. Sie sind etwa 8 bis 9 cm breit. Für die kleinen Schleifen werden je 12 Maschen angeschlagen. Sie sind 5 bis 6 cm breit.

2. Nun strickst du rechte Maschen. Stricke so viele Reihen, bis ein Rechteck entstanden ist. Wir haben hier jeweils 26 Reihen gestrickt. Dann kettest du alle Maschen locker ab und vernähst die Fäden.

3. Kennzeichne die Mitte des Rechtecks mit einer Stecknadel und nähe mit Steppstichen an der Mittellinie entlang (siehe Seite 123). Dann am Fadenende ziehen, bis eine Raffung entsteht. Den Faden ein paarmal um die Mitte wickeln und festnähen (siehe Bild 1a–c).

4. Für die Banderole schneidest du einen Streifen von etwa 2 cm Breite und 5 cm Länge aus Stoff oder Filz zu. Rolle den Streifen von der Längsseite auf, drücke ihn flach, und nähe ihn zusammen. Die Naht liegt dabei in der Mitte (siehe Bild 2a–c). Nun legst du ihn um deine Schleife und nähst ihn auf der Rückseite zusammen. Die fertigen Schleifen nähst du auf ein farblich passendes Haargummi.

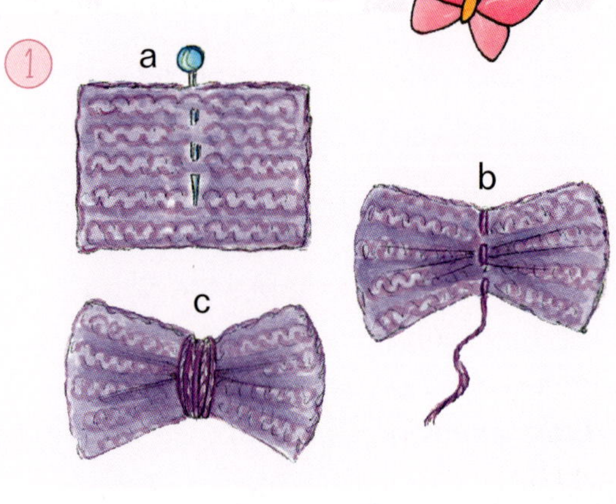

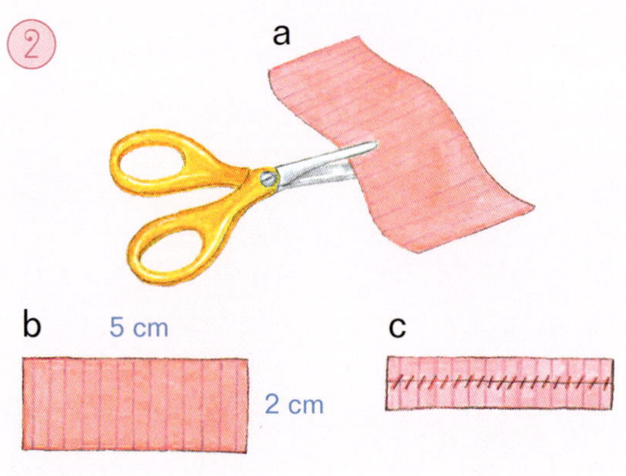

5. Den Schmetterlingskörper schneidest du aus Wollfilz, die Vorlagen findest du auf der linken Seite. Den Filzkörper nähst oder klebst du auf der Schleife fest.

6. Für die Fühler schneidest du ein Stück Chenilledraht ab und biegst es zurecht. Nähe die Fühler am Schmetterling fest. Fühler kannst du auch aus Garn machen: Etwa 10 cm abschneiden, an den Enden verknoten und festnähen. Verziere die Schmetterlinge nach Lust und Laune mit Filzpunkten, Pailletten, Perlenaugen und Glitzer.

Teddys Schal

Das brauchst du:

- Wollgarn, 50 g in Gelb
- Stricknadeln Nr. 4
- Wollnadel (zum Vernähen der Fäden)
- Schere

So wird's gemacht:

1. Der Teddyschal wird abwechselnd mit rechten und linken Maschenreihen gestrickt. Das Muster nennt man glatt rechts. Unser Schal ist etwa 55 cm lang. Schlage 14 Maschen an. Wie Maschen angeschlagen werden, kannst du auf Seite 94/95 sehen.

2. Sind alle Maschen angeschlagen, strickst du eine Reihe rechte Maschen. Wie rechte Maschen gestrickt werden, siehst du auf Seite 96. Dann wendest du dein Strickzeug und strickst die zweite Reihe links. Wie linke Maschen gestrickt werden, siehst du auf Seite 97.

3. Stricke so weiter, immer eine Reihe rechte Maschen, dann eine Reihe linke Maschen, bis dein Schal lang genug ist. Dann kettest du alle Maschen locker ab. Wie's geht, ist auf Seite 98 beschrieben.

4. Nun werden die Fäden vernäht. Wie's geht, siehst du auf Seite 99. Gib dabei acht, dass der vernähte Faden auf der Vorderseite nicht zu sehen ist.

5. Hast du alle Fäden vernäht, kannst du noch Fransen in deinen Schal knüpfen. Die Bilder zeigen dir, wie es geht. Stich mit der Häkelnadel am Rand durch eine Masche, lege einen 6 bis 8 cm langen Wollfaden vor das Nadelhäkchen (Bild 1). Ziehe den Faden durch die Masche zu einer Schlaufe (Bild 2) und ziehe anschließend die Fadenenden durch diese Schlaufe hindurch (Bild 3). Fest anziehen und fertig ist die erste Franse! Auf diese Weise in alle Maschen der kurzen Schalseiten Fransen knüpfen.

Einknüpfen

Kuschelstulpen

Das brauchst du:

- Wollgarn, 100 g farbig bedruckt
- Stricknadeln Nr. 5
- Wollnadel (mit großem Nadelöhr)
- Schere

So wird's gemacht:

1. Diese Stulpen passen dir gut, wenn du etwa 140 cm groß bist.
Schlage 40 Maschen an, wie das geht, steht auf Seite 94/95. Dann beginnst du zu stricken, aber die erste Masche auf der Stricknadel hebst du immer nur als Randmasche ab, das heißt, du lässt sie, ohne sie zu stricken, auf die rechte Nadel gleiten. Nun strickst du immer abwechselnd 1 Masche rechts, 1 Masche links, bis alle Maschen von der linken Nadel abgestrickt sind. Wie du rechte und linke Maschen strickst, kannst du auf Seite 96/97 nachlesen.

2. Jetzt drehst du dein Strickzeug um und arbeitest wieder 1 Randmasche, 1 rechte Masche, 1 linke Masche im Wechsel. So strickst du nun so lange, bis dein Strickstück 17 cm lang ist.

3. Dann kettest du alle Maschen ab, wie auf Seite 98 beschrieben, und nähst das Stück zur Stulpe zusammen. Dazu kannst du den Anfangs- und den Endfaden verwenden.

4. Die zweite Stulpe arbeitest du ebenso.

Tipp: Möchtest du die Stulpen oben umschlagen, dann strickst du das Stück 22 cm lang.

Sicher aufbewahrt

Das brauchst du:

- Fransengarn, ein Rest oder 50 g in Grasgrün
- Glattes Strickgarn, ein Rest oder 50 g in Grasgrün
- Stricknadeln Nr. 2,5–3
- je 1 Blumenknopf in Pink und Orange
- Wollnadel, Schere
- Nähnadel, Nähgarn in Grasgrün

So wird's gemacht:

1. Für die Handyhülle wird ein langer Streifen gestrickt und dann seitlich zusammengenäht.
Schlage 17 Maschen mit grünem Fransengarn an. Wie das geht, siehst du auf Seite 94/95.

2. Stricke zunächst 2 Reihen linke Maschen, dann 1 Reihe rechte Maschen, das ist die Hinreihe, in der Rückreihe musst du alle Maschen links stricken. Rechte und linke Maschen findest du auf Seite 96/97 erklärt.

3. Stricke nun stets in den Hinreihen rechte Maschen und in den Rückreihen linke Maschen, und zwar immer abwechselnd 4 Reihen in Fransengarn, dann 4 Reihen in glattem Garn. Wie du die Farbe bzw. den Faden wechselst, steht ganz genau auf Seite 98. In etwa 16 cm Höhe – es sollte gerade das Fransengarn an der Reihe sein – strickst du als Hinreihe 1 Reihe linke Maschen und 1 linke Rückreihe.

4. Nun kettest du alle Maschen ab, das ist auf Seite 98 beschrieben. Dann legst du den Strickstreifen der Länge nach in der Mitte rechts auf rechts und nähst die beiden Seiten mit farblich passendem Nähgarn zu.

Riesenschlange

Das brauchst du:

- Strickgarn, 150 g in Gelb-Color
- Fransengarn, 50 g in Gelb
- Stricknadeln Nr. 6
- Füllwatte, 1 Beutel (300 g)
- 2 Feinstrümpfe (oder die beiden abgeschnittenen Beine einer Feinstrumpfhose)
- 2 Knöpfe in Weiß, 1,2 cm Durchmesser
- 2 Perlen in Schwarz, 0,4 cm Durchmesser
- Filzrest in Rot
- Nähnadel, passendes Nähgarn
- Stecknadeln
- Schere

So wird's gemacht:

1. Schlage zuerst mit dem Garn in Gelb-Color 25 Maschen an. Wie das geht, steht auf den Seiten 94/95. Dann strickst du eine Reihe rechte Maschen, wie auf Seite 96 beschrieben, das ist die Hinreihe. Die nächste Reihe ist die Rückreihe, in dieser Reihe strickst du linke Maschen, die sind auf Seite 97 erklärt. Nun strickst du wieder die Hinreihe rechts, die Rückreihe links und immer so weiter, bis dein Strickstück 140 cm lang ist. Jetzt kettest du die Maschen ab. Auf Seite 98 siehst du, wie das geht.

2. Das Strickstück faltest du längs zusammen, sodass die rechten Maschen innen liegen, sichere in kurzen Abständen mit Stecknadeln. Diese langen Seiten nähst du zusammen – du hast schon gemerkt, dieser Schlauch wird der Schlangenkörper. Du beginnst mit dem Nähen an der Schwanzspitze, damit diese schön dünn wird, machst du eine schräge Naht, etwa 20 cm lang, ehe du genau am Rand weiternähst. Dann stülpst du den Schlauch auf die rechte Seite, die Naht ist innen und sollte auf der Bauchseite verlaufen.

3. Für das „Innenleben" der Schlange füllst du die Strümpfe mit der Füllwatte und nähst sie an den offenen Seiten aneinander. Das Ende für die Schwanzspitze sollte recht schmal sein, das für den Kopf prall ausgestopft. Nun schiebst du die „Strumpfschlange" in den Strickschlauch.

4. Schneide aus dem roten Filzrest nach dem Foto die gespaltene Zunge zu. Dann ziehst du mit einem langen Faden alle Maschen am Rand fest zusammen, dabei schiebst du die Zunge ein. Den Faden gut verknoten und vernähen. Nähe jetzt die Knöpfe mit den schwarzen Perlen obenauf als Augen auf.

5. Nun arbeitest du wie in Schritt 1 beschrieben noch zwei Strickstücke mit dem Fransengarn in Gelb, sie sollten etwa 20 cm lang sein. Nähe die Stücke, wie in Schritt 2 beschrieben, zum Schlauch, ziehe sie dann auf die Schlange, raffe sie ein wenig und nähe sie an der Schlange fest.

Witzige Stiftebox

Das brauchst du:

- Baumwollgarn, 50 g oder ein Rest in Hellrot
- Pailletten in Weiß, 6 mm Durchmesser, 1 Döschen
- Rocailles in Weiß, 2 mm Durchmesser, 1 Döschen
- Schmuckband in Weiß-rosa kariert, 5 mm breit, etwa 50 cm
- Tüllband mit Tupfen in Weiß, etwa 8 cm
- Stricknadeln Nr. 2,5
- Häkelnadel Nr. 2,5
- Klebstoff
- leere Konservendose (hier: 7,5 cm Durchmesser, 11 cm hoch)
- Wollnadel, Schere
- Nähnadel, passendes Nähgarn
- Maßband

So wird's gemacht:

1. Die hier umstrickte Dose hat einen Durchmesser von etwa 7,5 cm und ist etwa 11 cm hoch.
Zuerst musst du den Umfang der Konservendose, die du umhüllen möchtest, ausmessen. Dann schlägst du so viele Maschen an, bis das Maß des Umfangs erreicht ist. Achte darauf, dass sich deine Maschenzahl durch 6 teilen lässt und dabei noch 3 Maschen übrig bleiben. Wie Maschen angeschlagen werden und wie gestrickt wird, siehst du auf den Seiten 94 bis 99.

2. Nun strickst du in Reihen wie folgt:
1. Reihe (Hinreihe): rechte Maschen.
2. Reihe (Rückreihe): linke Maschen.
3. Reihe: rechte Maschen.
4. Reihe: Randmasche, * 1 Masche rechts, 5 Maschen links, ab * stets wiederholen, enden mit 1 Masche rechts, Randmasche.
5. Reihe: rechte Maschen.
6. Reihe: linke Maschen.
7. Reihe: rechte Maschen.
8. Reihe: Randmasche, 3 Maschen links, * 1 Masche rechts, 5 Maschen links, ab * stets wiederholen, enden mit 1 Masche rechts, 4 Maschen links, Randmasche.

Diese 8 Reihen strickst du so oft, bis die Höhe der Dose erreicht ist. Dann kettest du ab, wie das geht, steht auf Seite 98.

3. Das Strickteil bestickst du wie auf dem Foto zu sehen. Immer eine Paillette und eine Rocaille auffädeln und um die Rocaille zurück durch die Paillette stechen. Etwa 3 cm vom oberen Rand nicht besticken.

4. Jetzt nähst du das Strickteil zusammen, ziehst es über die Dose und klebst es fest. Zusammen mit dem Tüllband bindest du das Schmuckband am oberen Rand um die Dose.

So lernst du Sticken

Das brauchst du:

- Sticknadel, eventuell Stickrahmen
- Sticktwist, -garn oder Perlgarn
- zählbares Gewebe, Stramin, Stoff oder Filz
- Markierstift, selbstlöschend, Schere

Vorstiche und Steppstiche findest du auf Seite 122 erklärt.

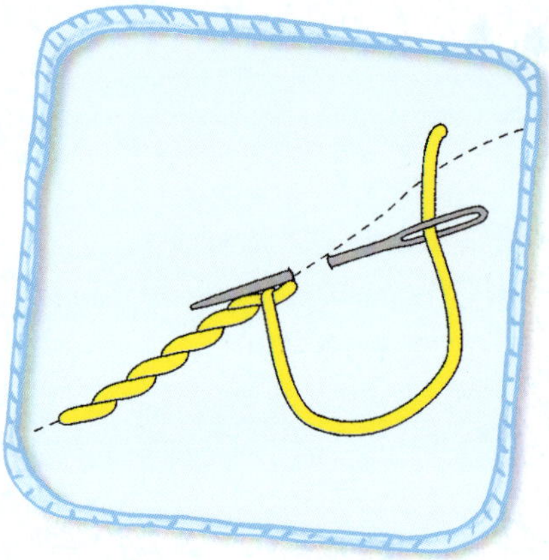

Stielstiche

Stielstiche sind geeignet für gerade und geschwungene Linien und Konturen. Arbeite von links nach rechts. Stich aus und eine Stichlänge davon entfernt etwas rechts neben der vorgezeichneten Linie ein. Dann stichst du zurückgehend eine halbe Stichlänge links vom ersten Stich wieder aus. Stich nun eine Stichlänge davon entfernt etwas rechts neben der vorgezeichneten Linie ein und links neben der letzten Einstichstelle wieder aus.

Spannstiche

Der Spannstich ist ein gerader Stich, den du in beliebiger Länge und Lage zwischen Aus- und Einstichstelle spannst. Gleichmäßig dicht nebeneinandergestickt werden Spannstiche zum Plattstich.

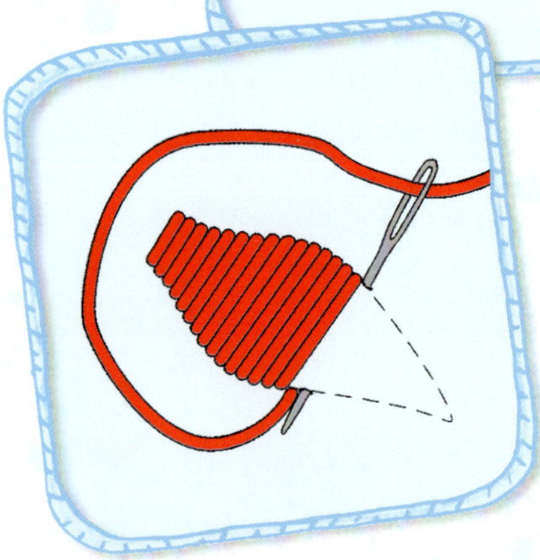

Plattstiche

Plattstiche werden zum Füllen von Flächen eingesetzt, dabei wird die Fläche meist von einer vorgezeichneten Konturlinie begrenzt. Stich etwas außerhalb der Konturlinie aus und auf der gegenüberliegenden Seite dicht hinter der Konturlinie wieder ein. Achte darauf, die Konturlinie möglichst gleichmäßig zu übersticken.

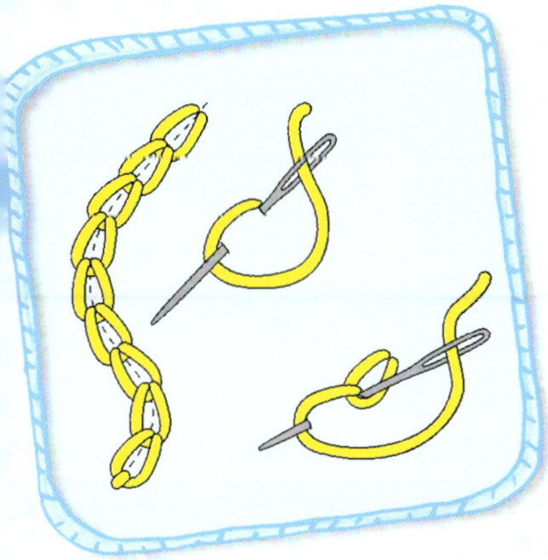

Kettenstiche

Kettenstiche eignen sich gut für gerade und geschwungene Linien und Konturen.
Sticke von oben nach unten. Stich aus, lege den Faden zur Schlinge, stich wieder in die Ausstichstelle ein und innerhalb der Fadenschlinge aus. Auf diese Weise reihst du alle Stiche aneinander. Die Schlinge des letzten Kettenstichs sicherst du mit einem kleinen Stich, der um die Schlinge gestochen wird.

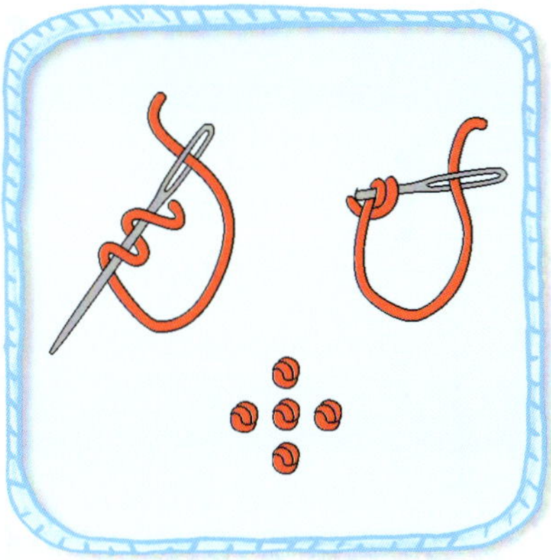

Knötchenstiche

Knötchenstiche sind kleine Punkte, die lose verstreut oder dicht nebeneinander gestickt werden können. Du kannst den Knötchenstich mit einer, zwei, drei oder mehr Umwicklungen arbeiten. Stich an der entsprechenden Stelle aus, winde den Faden entsprechend oft – je nachdem, wie groß das Knötchen werden soll – um die Nadelspitze und stich dicht neben der Ausstichstelle wieder ein.

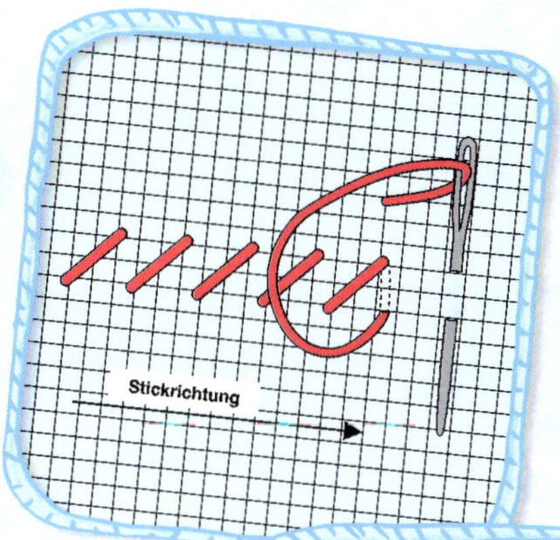

Kreuzstiche

Kreuzstiche werden in zählbares Gewebe oder Stramin gestickt, sodass alle Stiche gleichmäßig sind. Wichtig ist, dass der oben liegende Stich immer in die gleiche Richtung zeigt.

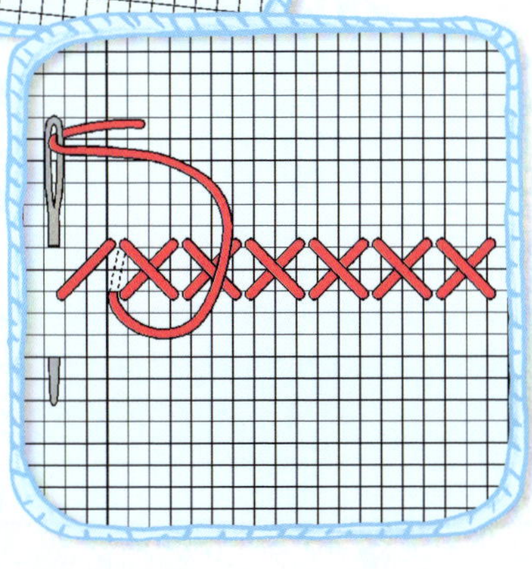

Bei waagerechten Reihen stickst du zuerst alle Unterstiche in einer Linie (Hinreihe). In der Rückreihe vervollständigst du die Kreuze durch die Oberstiche.

Bei senkrechten Reihen und Einzelkreuzen stickst du immer jedes Kreuz fertig, bevor du das nächste beginnst.

Meeresbewohner

Das brauchst du:

Für Set und Eierwärmer

- Perlgarn in Blautönen, in Stärke 5 je 1 Strang in Blau-Multicolor und Blau
- Baumwoll-Platzdeckchen, 45 x 35 cm
- Baumwoll-Eierwärmer, 11 x 8,5 cm
- Sticknadel
- Markierstift, selbstlöschend
- Bügel-Transferstift
- Transparentpapier
- Schere

So wird's gemacht:

1. Zuerst überträgst du das Motiv mit den drei Delfinen in die rechte untere Ecke des Sets. Dafür die Vorlage zunächst auf die doppelte Größe vergrößern. Das geht am einfachsten mit einem Fotokopierer (200 Prozent Vergrößerung wählen). Der Stoff des Platzdeckchens ist so dünn, dass du das Deckchen direkt auf die Vorlage legen und die durchscheinenden Linien mit dem Markierstift nachzeichnen kannst. Die lila Linien verschwinden nach einigen Tagen von selbst, du darfst dir mit dem Sticken also nicht allzu viel Zeit lassen.

2. Sticke nun alle Linien mit Vorstichen nach. Wie das geht, zeigt die Zeichnung auf Seite 122. Für die Delfine benutzt du das einfarbig blaue Garn, alles, was Wasser und Wellen sind, stickst du mit dem Multicolor-Garn nach.

3. Nun ist der Eierwärmer dran. Übertrage zunächst das Motiv auf den Eierwärmer. Dafür musst du zunächst wieder die Zeichnung auf 200 Prozent vergrößern. Da der Stoff dicker ist, musst du das Motiv zunächst mit dem Transferstift auf Transparentpapier zeichnen. Dann legst du das Transparentpapier mit der bemalten Seite nach unten auf den Eierwärmer und bügelst darüber, so überträgt sich das Motiv auf den Stoff. Vorsicht, so ein Bügeleisen ist sehr heiß! Wenn du den Umgang damit nicht gewöhnt bist, bitte einen Erwachsenen, dir zu helfen!

4. Jetzt stickst du wieder alle Linien mit Vorstichen nach. Die Wellen in Blau-Multicolor, die Krake in Blau sticken.

Vorlagen auf 200 % vergrößern

Süßes Pony

Das brauchst du:

- Sticktwist, je 1 Strang in Pink und Gelb
- Silberfaden in Metallic-Silber, 1 Spule
- spitze Sticknadel
- Sticknadel ohne Spitze
- Tonpapier in Rosa, 24 x 17 cm
- Moosgummi, 24 x 17 cm
- Filzstifte in Schwarz, Braun, Gelb, Grün
- Transparentpapier
- Bleistift
- Schere

So wird's gemacht:

1. Die fertige Klappkarte ist etwa 12 x 17 cm groß.
Zuerst faltest du das Tonpapier zur Hälfte zusammen, sodass eine Klappkarte entsteht. Lege nun das Transparentpapier auf die Vorlage (Seite 136) und zeichne mit einem Bleistift die Motivlinien nach. Dann drehst du das Transparentpapier um und legst es auf die Kartenvorderseite. Ziehe nun mit dem Bleistift die Linien kräftig nach, damit sich die Konturen auf der Karte gut abdrücken.

2. Ziehe jetzt mit schwarzem Filzstift alle Linien nach und male die Augen, Nüstern und Hufe aus. Zum Schluss zeichnest du noch den Zaun, das Gras und die Blumen auf die Karte. Zuerst ganz zart mit Bleistift vorzeichnen. Dann mit den bunten Filzstiften nachzeichnen und den Zaun ausmalen (Bild 1).

3. Stich nun mit der spitzen Sticknadel im Abstand von etwa einem halben Zentimeter kleine Löcher entlang der Umrisslinien des Ponys ein. Dazu legst du die Karte aufgefaltet auf das Moosgummi, damit du nicht versehentlich Löcher in die Unterseite der Karte oder in den Tisch piekst.

4. Fädle den Sticktwist in Pink in die Nadel ohne Spitze und sticke die Konturen des Ponys mit Steppstichen

nach (Bild 2). Wie Steppstiche gearbeitet werden, siehst du auf Seite 123.

5. Schneide zwölf etwa 10 cm lange Silberfäden für die Mähne zu und ziehe sie durch die Steppstiche am Kopf. Verknote sie mittig fest, sodass beide Seiten gleich lang sind.

6. Für den Schweif schneidest du 15 etwa 14 cm lange Silberfäden zu. 14 davon bindest du in der Mitte um die anderen Diesen Faden ziehst du durch einen Steppstich am Hinterteil des Ponys. Binde nun den Schweif locker mit einer Schleife aus gelbem Sticktwist zusammen.

Adventsschmuck

Das brauchst du:

Für beide Girlanden:

- Bastelfilz, 45 cm breit, je etwa 25 cm in Dunkelrot und Violett, etwa 15 cm in Orange
- Metallic-Stickgarn in Gold, 1 Spule
- Facettenperlen, flach, 25 mm Durchmesser, je 2 in Weiß und Honig
- Facettenperlen, rund, 14 mm Durchmesser, je 1 in Weiß und Honig
- Sticknadel
- transparenter Perlonfaden, 0,25 mm Durchmesser, etwa 2 m
- Nähnadel
- Transparentpapier
- Markierstift, selbstlöschend
- Textilkleber
- etwas feste Pappe
- Filzstift in Schwarz
- Seidenpapier

So wird's gemacht:

1. Eine Girlande ist etwa 55 cm lang. Als Erstes fertigst du Schablonen an. Dafür legst du Transparentpapier auf die Vorlagen (siehe Seite 140/141), zeichnest die Konturen nach, schneidest alles aus und klebst es auf Pappe. Nun schneidest du die Motive aus – das sind die Schablonen.

2. Für die Vorder- und Rückseiten die Motive mit Hilfe der Schablonen wie folgt zuschneiden: viermal das große Herz und zweimal das kleine Herz, jeweils in Violett, viermal den Stern in Dunkelrot und zweimal in Orange. Dafür legst du die Schablone auf den Filz und überträgst dann rundum den Umriss mit dem selbstlöschenden Markierstift und schneidest dann aus.

3. Danach zeichnest du die Stickmotive (siehe Vorlagen) mit dem selbstlöschenden Markierstift auf. Sticke die Linien der Herzen mit Kettenstichen, die Sternchen auf den Sternen mit je acht Spannstichen, jeweils von der Mitte ausgehend, auf. Wie du die Stiche arbeitest, siehst du auf den Seiten 112/113.

4. Klebe je zwei gleiche Filzteile links auf links mit Textilkleber zusammen. Den Perlonfaden schneidest du in zwei gleich lange Stücke. Fädle auf den ersten Perlonfaden die roten Sterne, das kleine Herz und die flachen honigfarbenen Facettenperlen, auf den zweiten Perlonfaden fädelst du die großen Herzen, den orangefarbenen Stern und die flachen weißen Facettenperlen und sicherst in Abständen von etwa 4 cm mit je einem Knoten. An den unteren Enden befestigst du die jeweils passenden runden Facettenperlen.

Für das Lieblingsbuch

Das brauchst du:

- Dreherstramin aus Baumwolle (Magic Canvas) in Weiß, 1 DIN-A4-Platte (56 Stramin-Karos pro 10 cm)
- Sticktwist, je 1 Strang in Weiß, Türkis, Violett, Hautfarbe, Orange, Rosa, Rot, Gelb, Grün, Braun und Schwarz
- Sticknadel
- transparente Klebefolie, 25 x 50 cm
- Schere

So wird's gemacht:

1. Das fertige Lesezeichen ist etwa 8 x 21 cm groß. Sticke die Ballbordüre und den Clown mit Blume laut Zählmuster bzw. laut Foto auf den Stramin. Wie du Kreuz- und Knötchenstiche arbeitest, findest du auf Seite 113 beschrieben. Steppstiche sind auf Seite 123 erklärt.

2. Den fertig bestickten Stramin schneidest du auf eine Größe von 8 x 21 cm zurück und beklebst ihn dann von beiden Seiten mit Klebefolie.

— = Steppstiche in Rot
— = Steppstiche in Schwarz
● = 1 Knötchenstich in Schwarz
☐ = rohweißer Stickgrund

1 Kästchen =
1 Kreuzstich über
2 x 2 Gewebefäden
bzw. 1 Stramin-Karo

So lernst du Nähen

Das brauchst du

- Nähnadel oder Sticknadel mit Spitze
- Nähgarn, Sticktwist, -garn oder Perlgarn
- Gewebe wie Stoff oder Filz
- Schere

Nähen heißt vor allem, zwei Stofflagen miteinander zu verbinden. Das kann fast jeder Stoff sein, Filz oder auch ein Gestrick. Diese Stoffteile können gleich groß, aber auch unterschiedlich groß sein. Wird zum Beispiel ein kleineres auf ein großes Stoffstück aufgenäht, so nennt man das applizieren.
Die Nadel sollte ein Spitze haben, damit du gut durch den Stoff stechen kannst.
Beim Nähen ist wichtig, dass du versuchst möglichst gleich lange und gleich feste Stiche zu arbeiten, das hält am besten und sieht einfach hübscher aus.

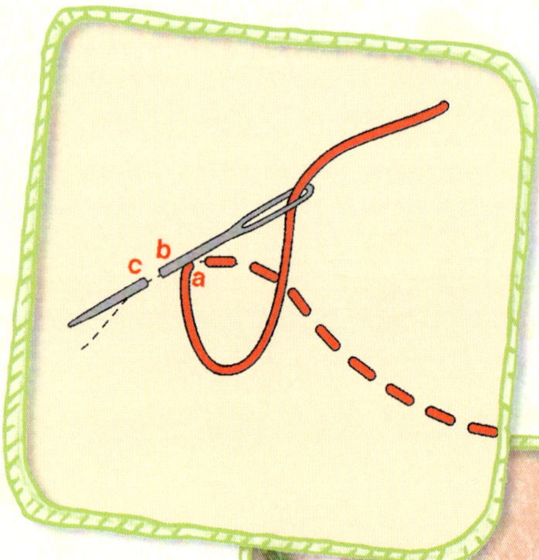

Vorstiche

Die einfachsten Stiche sind Vorstiche, auch Heftstiche genannt. Sie eignen sich auch gut zum Sticken.

Arbeite dazu von rechts nach links. Stich zuerst bei a aus, danach bei b ein und bei c wieder aus. Durchstich dabei die Stofflagen von b nach c so, dass die entstehenden Stiche auf der Vorderseite doppelt so lang sind wie die Stiche auf der Rückseite. Du kannst diesen Stich auch von links nach rechts arbeiten.

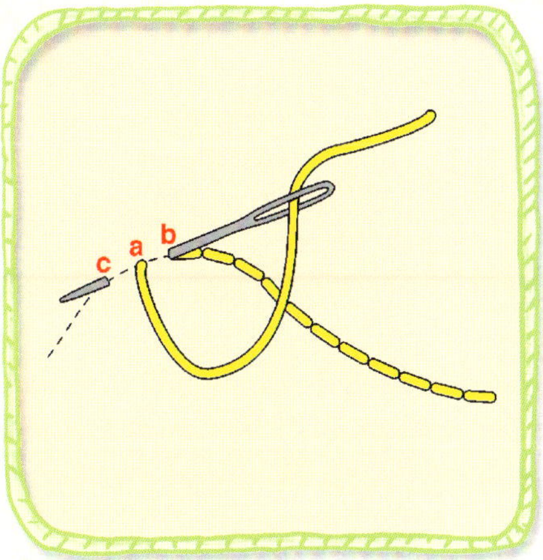

Steppstiche

Steppstiche sind sehr haltbare Stiche, je enger du die Stiche arbeitest, desto fester wird die Naht. Sie sind auch gut zum Sticken geeignet.
Arbeite von rechts nach links. Stich bei a aus und nach rechts gehend bei b wieder ein. Nun stichst du nach links gehend bei c aus und zu a zurückgehend wieder ein – deshalb werden diese Stiche auch Rückstiche genannt. Zieh nach jedem Stich den Faden fest an.

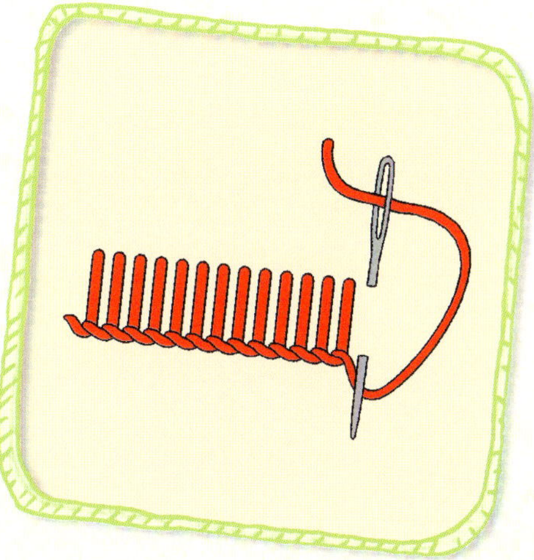

Langettenstiche

Langettenstiche sind ideal für Randeinfassungen, auch Stoffmotive können so am Rand miteinander verbunden werden. Du stickst von links nach rechts. Die senkrechten Verbindungsstiche führst du stets von oben nach unten aus. Achte dabei darauf, dass der Faden stets unter der Nadelspitze liegt. Es entsteht am Außenrand eine Schlinge – dieser Stich wird deshalb auch Schlingenstich genannt.

Vöglein am Stab

Das brauchst du:

Für fünf Vogelstecker

- Bastelfilz in Gelb, Orange, Terrakotta, Braun, Hellblau, Blau, Altrosa, Pink, Gelbgrün, Oliv und Rot
- etwas Füllwatte
- Multicolor-Sticktwist in Pink-Flieder-Violett meliert, Blau-Hellblau-Lila meliert, Gelb-Orange-Grün meliert, Orange-Gelb-Rost meliert, Braun-Beige meliert und Braun
- Nähnadel, transparentes Nähgarn
- Sticknadel
- etwas feste Pappe
- Filzstift in Schwarz
- 5 kleine Holzstäbe, z. B. Schaschlikspieße
- Sprühzeitkleber
- Transparentpapier, Bleistift
- Schere, Alleskleber

So wird's gemacht:

1. Ein fertiger Vogel (ohne Stab) ist etwa 17 x 12 cm groß.
Stelle zunächst je eine Schablone für die Konturen des Körpers, des Flügels und des Schnabels her. Dazu überträgst du die Konturen laut Vorlage auf Seite 140 einzeln mit dem Filzstift auf Transparentpapier, schneidest sie aus, klebst sie auf Pappe und schneidest sie wieder aus.

2. Schneide nun mit Hilfe der Schablonen den Vogelkörper je zweimal in Altrosa, Gelb, Hellblau, Terrakotta und Gelbgrün, den Flügel je zweimal in Pink, Orange, Blau, Braun und Oliv sowie den Schnabel fünfmal in Rot aus dem Bastelfilz aus.

3. Klebe zuerst mit etwas Sprühzeitkleber auf jeden Vogel einen Flügel laut Vorlage (siehe Seite 140) in den Farben wie auf dem Foto zu sehen. Dabei solltest du darauf achten, dass je Farbe ein Vogel gegengleich gestaltet wird. Anschließend die passenden Flügel laut Foto entlang den Konturen mit Spannstichen laut Vorlage (siehe Seite 140) auf den Vogel sticken, dabei stets das dazu passende Stickgarn ganzfädig verwenden. Die Plattstiche für die Augen in Braun ausführen. Wie die verschiedenen Stiche gemacht werden, siehst du auf Seite 112/113.

4. Danach legst du die passenden Vogelteile links auf links aufeinander, nähst bzw. stickst sie entlang den äußeren Konturen mit Langettenstichen laut Vorlage (siehe Seite 140) zusammen. Wie der Langettenstich gearbeitet wird, siehst du auf Seite 123. Beachte dabei jeweils am Kopf die Öffnung für den Schnabel. Sticke dafür jeweils entlang der Schnabelöffnung die Langettenstiche nur auf ein Filzteil, führe den Faden zwischen den beiden Filzteilen zurück zum Beginn der Öffnung und besticke das zweite Filzteil entlang dieser Öffnung ebenfalls mit Langettenstichen. Danach arbeitest du wieder über beide Filzteile. Lege am

unteren Rand laut Vorlage je einen Holzstab zwischen die beiden Filzteile und übersticke diesen mit. Vor dem Schließen der letzten 4 bis 5 cm stopfst du die Vögel mit etwas Füllwatte aus.

Nun schiebst du die Schnäbel mit der runden Seite etwa 1 cm tief in die Schnabelöffnungen und nähst sie mit transparentem Nähgarn und kleinen unsichtbaren Stichen fest.

Fingerpüppchen

Das brauchst du:

Für alle fünf Fingerpuppen

- Bastelfilz in Altrosa, Hellblau, Mittelbeige, Olivgrün, Dunkelgrün, Orange, Gelb, Schwarz und Weiß
- 6 Glasperlen in Gelb
- 2 kleine Knöpfe in Gelb
- Sticktwist in Schwarz, Weiß und Gelb (3-fädig verwenden)
- Sticknadel
- dünne Perlennadel
- Strickgarn, Reste in Rosa, Wollweiß und Schwarz
- Transparentpapier
- Bleistift
- Markierstift, selbstlöschend
- kleine Kurvenschere
- kleiner Rollschneider, Schneideunterlage
- Papierschere
- Textilkleber

So wird's gemacht:

1. Jede fertige Fingerpuppe ist etwa 8 cm hoch.
Übertrage die Vorlagen (Seite 138) auf Transparentpapier und schneide sie aus, zuerst die Grundformen für die Körper, dann die Ohren, Augen, Pfoten und für das Schaf das Gesicht. Lege diese Papierschablonen auf Bastelfilz in der entsprechenden Farbe (siehe Foto) und fahre die Umrisse mit dem selbstlöschenden Markierstift nach. Übertrage alle Vorlagen jeweils zweimal auf Filz.

2. Schneide die Teile mit dem kleinen Rollschneider oder der Kurvenschere aus. Nun wird beklebt, bestickt und zusammengenäht. Die verschiedenen Stiche siehst du auf Seite 112/113 und 123. Achte darauf, dass du immer zwei gegengleiche Teile bearbeitest.

3. Klebe für den Hund auf jede Grundform Ohren und Pfoten auf. Sticke nun mit schwarzem Stickgarn Augen und Brauen im Spannstich, Schnäuzchenpunkte im Knötchenstich auf. Oben am Kopf klebst du von innen drei kurze Stücke Strickgarn als Haare und hinten eine kurze Schlaufe mit kleiner Quaste als Schwanz an. Verbinde beide Teile mit schwarzen Langettenstichen.

4. Für die Katze klebst du auf die Grundformen Ohren, Augen und Pfoten. Sticke in Weiß die Krallen mit Spannstichen, die Schnurrhaare mit Knötchenstichen mit lang herausgestochenem Fadenende auf. Die Augenmitte stickst du mit schwarzen Spannstichen. Klebe von innen den Schwanz ein. Dann mit weißen Langettenstichen zusammennähen.

5. Klebe für die Maus auf beide Grundformen Pfoten und Ohren. Schneide die blauen Ohrenteile vom kleinen Bogen bis zur Mitte ein, klebe sie leicht überlappend auf und die rosafarbenen Teile darauf. In Schwarz stickst du die Augen und die Barthaare mit Knötchenstich, dabei die Barthaare entsprechend lang

herausziehen. Klebe innen auf ein Teil als Schwanz rosa Strickgarn mit einem Knoten am Ende. Mit schwarzen Langettenstichen verbinden.

6. Für das Schaf klebst du auf die Grundformen Gesicht, Pfoten und Ohren. Die Ohrenteile wie bei der Maus einschneiden und ankleben. Mit schwarzem Stickgarn stickst du die Augen mit Knötchenstichen und das Maul mit Spannstichen auf. Auf ein Teil klebst du innen den Schwanz aus wollweißem Strickgarn mit einem Knoten am Ende. Nähe das Schaf mit weißen Langettenstichen zusammen.

7. Klebe für den Frosch die Füße auf die Grundformen. Nähe an jedem der drei Enden eine kleine gelbe Perle an. Mit gelbem Stickgarn stickst du das Maul mit Stielstichen auf und verbindest die Grundformen mit Langettenstichen. Nähe als Augen die gelben Knöpfe an.

Herzallerliebst

Das brauchst du:

Für Armband und Haargummi

- Wollfilz, Reste in Zartrosa, Rosa, Lila und Fuchsia
- Sticktwist, je 1 Strang in Zartrosa, Zartviolett und Erika
- Sticknadel
- Elastik-Nähfaden
- Glas-Schliffperlen, transparent-irisierend, 4 mm Durchmesser, etwa 1 Dose
- 36 Rocailles in Weiß und Rosa, 2 mm Durchmesser
- Motivlocher „Herz“, mittel
- Haargummi in Rosa
- Sprühkleber

So wird's gemacht:

Armband

1. Stanze zuerst mit dem Motivlocher zwölf Herzen aus verschiedenfarbigem Wollfilz aus.

2. Klebe nun die Herzen mit wenig Sprühkleber zusammen, die Herzen sollen einfach aufeinander halten, damit du sie gut zusammennähen bzw. besticken kannst. Verbinde nun die Herzen mit Vorstichen oder kleinen Langettenstichen. Wie diese Stiche gearbeitet werden, siehst du auf Seite 122/123.

3. Jetzt fädelst du die Herzen abwechselnd mit Glas-Schliffperlen auf Elastik-Nähfaden. Dazu stichst du oben seitlich jeweils zwischen den beiden zusammengenähten Herzen ein. Die Enden verknotest du entsprechend deines Handgelenkumfanges miteinander.

Haargummi

1. Stanze mit dem Motivlocher vier Herzen aus verschiedenfarbigem Wollfilz aus. Klebe sie dann wie beim Armband beschrieben zusammen und verbinde zwei Herzen mit Vor-, die beiden anderen mit kleinen Langettenstichen.

2. Arbeite nun sechs Perlen-Fransen. Dazu fädelst du jeweils sechs Rocailles auf ein Stück Elastik-Nähfaden, die Enden verknotest du. Ein Fadenende lässt hängen, damit nähst du die Perlen-Fransen von hinten an die Herzspitzen, an jede Herzspitze drei.

3. Lege die beiden Herzen laut Foto übereinander und nähe sie zusammen, nähe dabei auch eine Glas-Schliffperle mit auf. Zum Schluss nähst du die Herzen auf den Haargummi.

Gruselparade

Das brauchst du:

Für alle Halloweenfiguren

- Füllwatte
- Sticknadel mit Spitze
- Transparentpapier
- Markierstift, selbstlöschend
- spitze Schere
- Bastelkleber

Geister

- Bastelfilz in Grau meliert
- Sticktwist, 1 Strang in Natur

Eule

- Bastelfilz in Grau meliert und Anthrazit
- Sticktwist, je 1 Strang in Natur und Anthrazit
- 2 Wackelaugen

Kürbis

- Bastelfilz in Orange und Gelbgrün
- Sticktwist, je 1 in Orange und Grün

So wird's gemacht:

1. Die fertigen Geister sind jeweils etwa 15 x 21 cm groß, die Eule ist etwa 11 x 16 cm groß, und der Kürbis hat eine Größe von etwa 18 x 18 cm. Übertrage die Vorlagen (siehe Seite 139) auf Transparentpapier und schneide sie aus. Dann legst du das Papier auf den Bastelfilz und überträgst den Umriss mit dem selbstlöschenden Markierstift auf den Filz. Danach schneidest du alles aus: viermal den Geist und einmal den Eulenkopf mit Bauch aus grau meliertem Bastelfilz, den Eulenkörper zweimal aus anthrazitfarbenem, den Kürbis zweimal aus orangefarbenem und den Kürbisstiel zweimal aus grünem Bastelfilz. Schneide dabei bei den Geistern Augen und Mund, beim Kürbis Mund, Augen und Nase mit aus.

2. Nun wird bestickt und zusammengenäht. Die verschiedenen Stiche siehst du auf Seite 112/113 und 122/123. Verwende den Sticktwist jeweils 2-fädig. Achte darauf, dass du bei den Geistern und dem Kürbisstiel immer zwei gegengleiche Teile bearbeitest.

3. Für die Geister legst du je ein Filzteil links auf links aufeinander und nähst rundum die Außenkante mit etwa 0,4 cm breiten und langen Langettenstichen zusammen, stopfe sie dabei von der Außenkante her vor dem Schließen der letzten 3 bis 4 cm mit etwas Füllwatte aus. Augen und Mund umnähst du auch mit Langettenstichen.

4. Die Filzteile für den Eulenkörper wie bei den Geistern aufeinanderlegen, zusammennähen und ausstopfen. Auf den Eulenkopf mit Bauch stickst du den Schnabel und die angedeuteten Federn mit Spannstichen in Anthrazit auf. Nähe das Filzteil dann mit etwa 0,4 cm breiten und langen Langettenstichen in Natur auf die Eule. Danach klebst du die Wackelaugen auf.

5. Die Filzteile für den Kürbis wie bei den Geistern aufeinanderlegen, in Orange zusammennähen und ausstopfen. Danach nähst du mit Langettenstichen in Grün jeweils die unteren Hälften der beiden Filzteile für den Stiel auf die Vorder- und Rückseite des Kürbisses, die oberen Hälften nähst du mit Langettenstichen zusammen.

Die bringen Glück

Das brauchst du:

- Bastelfilz in Rosa, Pink und Grün
- Sticktwist, je 1 Strang in Pink und Gelbgrün
- Sticknadel
- Karabinerhaken in Silber, 3 x 4 cm
- Taftband, 5 mm breit, etwa 40 cm
- etwas Füllwatte
- fester Karton
- Transparentpapier, Bleistift
- Markierstift, selbstlöschend
- Schere

So wird's gemacht:

1. Das fertige Herz ist etwa 7 x 7 cm, das Kleeblatt etwa 6 x 6 cm groß. Übertrage die Vorlagen für Herz, Kleeblatt und die ovale Filzperle von Seite 137 auf Transparentpapier, schneide sie aus, klebe sie auf Karton und schneide sie wieder aus.

2. Nun schneidest du für die runde Filzperle einen Streifen von 1 x 12 cm aus dem pinkfarbenen Filz und einen schmalen Streifen von 0,4 x 4 cm aus dem rosafarbenen Filz. Die Karton-Motive legst du auf den entsprechenden Filz, überträgst rundum die Konturen mit dem selbstlöschenden Markierstift und schneidest alles aus: Das Dreieck für die ovale Filzperle aus rosafarbenem Filz, das Herz je einmal aus rosa- und pinkfarbenem Filz, das Kleeblatt je zweimal aus pinkfarbenem und grünem Filz.

3. Jetzt stickst du aus sechs bis elf pinkfarbenen Spannstichen fünf Blüten sowie aus je drei gelbgrünen Spannstichen fünf Blätter auf das rosafarbene Herz. Auf ein pinkfarbenes Kleeblatt stickst du acht Spannstiche in Gelbgrün.

4. Das rosafarbene Herz legst du auf das pinkfarbene legen und nähst sie 5 mm von den Außenkanten entfernt mit gelbgrünen Vorstichen zusammen, dabei vor dem Schließen mit etwas Füllwatte füllen. Das Herz entlang der Stickkonturen 2 mm breit zurückschneiden. Nun legst du die pinkfarbenen und grünen Kleeblätter abwechselnd aufeinander, das bestickte Kleeblatt obenauf. Dann legst du 25 cm Taftband doppelt und schiebst es mittig zwischen das unterste und zweitunterste Kleeblatt. Nähe die Kleeblätter 4 mm vom Rand entfernt mit gelbgrünen Vorstichen zusammen. Das bestickte Kleeblatt schneidest du entlang der Konturen 2 mm breit zurück.

5. Rolle das Dreieck für die ovale Filzperle von der Spitze her auf und nähe es mit pinkfarbenem Sticktwist zusammen. Den großen Streifen rollst du zur runden Filzperle auf, legst den kleinen Streifen mittig darum und nähst ihn zusammen. An der Herzvertiefung nähst du das restliche Taftband fest und befestigst die Filzperlen auf dem Taftband. Bringe Herz und Kleeblatt am Karabinerhaken an.

Zum Muttertag

Das brauchst du:

- Bastelfilz in Rosa, Pink und Grün
- Sticktwist, je 1 Strang in Weiß, Pink, Mittelgrün und Gelbgrün (3-fädig verwenden)
- Sticknadel
- wasserlösliches Vlies, etwa 20 x 30 cm
- Satinband in Gelbgrün, 4 mm breit, etwa 70 cm
- Tonpapier in Pink, 6 DIN-A4-Bogen
- Tonkarton in Weiß, 1 DIN-A4-Bogen
- Transparentpapier, Bleistift
- Karton oder Pappe
- Locher, Wellenschnittschere

So wird's gemacht:

1. Das Album ist 16 x 16 cm groß. Stelle zunächst eine Schablone für das Herz-Motiv her. Dazu überträgst du die Konturen laut Vorlage auf Seite 141 mit dem Bleistift auf Transparentpapier, schneidest das Herz aus, klebst es auf Karton oder Pappe und schneidest es wieder aus.

2. Schneide nun für die Vorder- und Rückseite des Albums zwei Quadrate von je 16 x 16 cm aus dem rosafarbenen Filz und dem Tonkarton. Für die Album-Blätter schneidest du sechs Quadrate von je 16 x 16 cm aus Tonpapier. Ein Quadrat von 17 x 17 cm schneidest du aus dem pinkfarbenen Filz. Das Herz-Motiv schneidest du je einmal aus dem grünen und dem pinkfarbenen Filz. Ein Quadrat von 16 x 16 cm und ein Quadrat von 10 x 10 cm schneidest du aus dem wasserlöslichen Vlies.

3. Übertrage nun die Schrift und die Blüte für das Herz gemäß Vorlage auf Seite 141 auf das kleine Vlies-Quadrat sowie das geschlungene Band auf das große Vlies-Quadrat. Das wasserlösliche Vlies ist so dünn, dass du die durchscheinenden Linien mit dem Bleistift gut nachzeichnen kannst. Jeweils mit einem sehr weichen Bleistift übertragen, jedoch die Zahlen und Buchstaben nicht mit übertragen. Sie dienen lediglich der Farb- und Stichauswahl beim Sticken. Danach das kleine Vlies-Quadrat auf das pinkfarbene Herz, das große Vlies-Quadrat auf ein rosafarbenes Filz-Quadrat legen und festheften.

4. Jetzt stickst du durch das Vlies. Beim Herz stickst du die Schrift mit Steppstichen in Mittelgrün, die Blüte mit Spannstichen in Weiß. Das geschlungene Band stickst du gemäß den Angaben zur Vorlage auf Seite 141. Die kleinen Kreuzstiche in Mittelgrün und Gelbgrün stickst du genau nach dem Foto auf.

5. Danach wäschst du das wasserlösliche Vlies aus. Dann legst du das bestickte Herz auf das grüne und beide Herzen auf das bestickte Filz-Quadrat und nähst das Herz etwa 4 mm vom Rand entfernt mit gelbgrünen Vorstichen auf. Anschließend schneidest du das

pinkfarbene Herz entlang der Stickkonturen etwa 2 mm breit zurück. Das bestickte Filz-Quadrat nähst du nun mit dem pinkfarbenen Quadrat etwa 3 mm von den Außenkanten des rosafarbenen entfernt mit pinkfarbenen Vorstichen zusammen. Die Außenkanten des pinkfarbenen Quadrats schneidest du laut Foto wellenförmig zurück.

6. Klebe die Filz-Quadrate jeweils auf ein Tonkarton-Quadrat. Dann legst du die Vorder- und Rückseite aufeinander und die Tonpapier-Blätter dazwischen. In der linken oberen Ecke aller Lagen stanzt du ein Loch ein, ziehst ein Satinband durch und bindest das Album zusammen.

Vorlagen

Sonne und Regen, Seite 48/49
„Sonne“

Süßes Pony
Seite 116/117

Sonne und Regen, Seite 48/49
„Regentropfen“

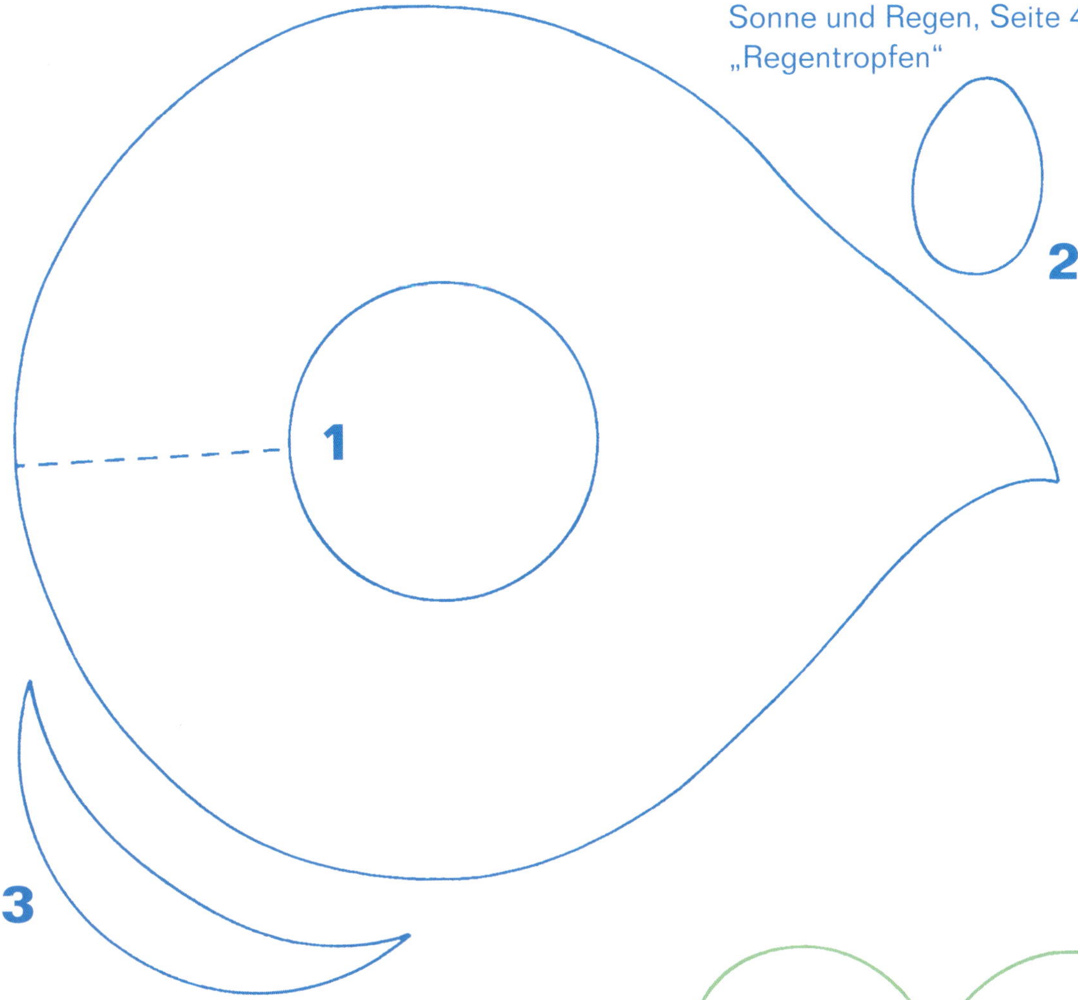

Die bringen Glück,
Seite 132/133

Fingerpüppchen,
Seite 126/127

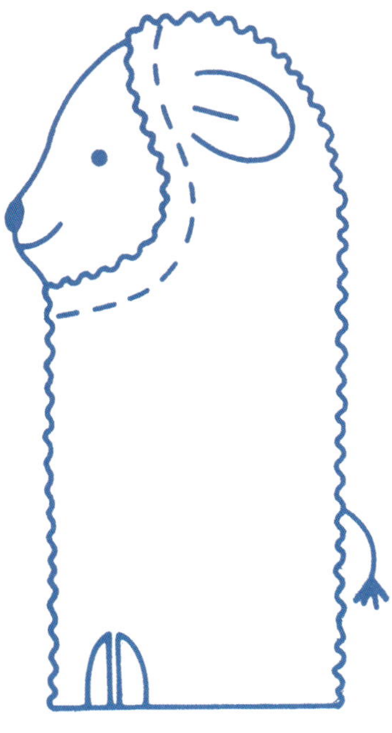

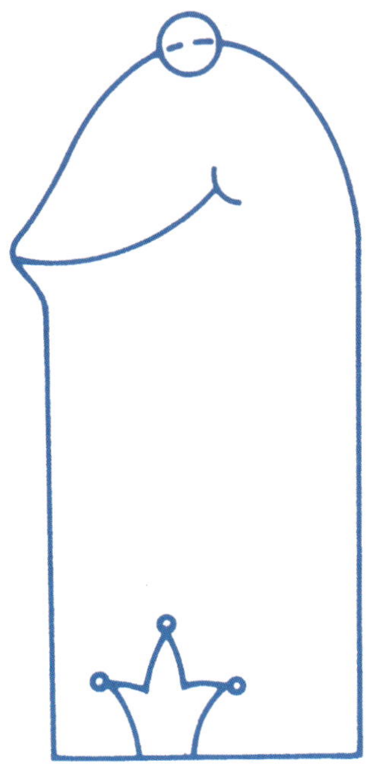

Gruselparade, Seite 130/131

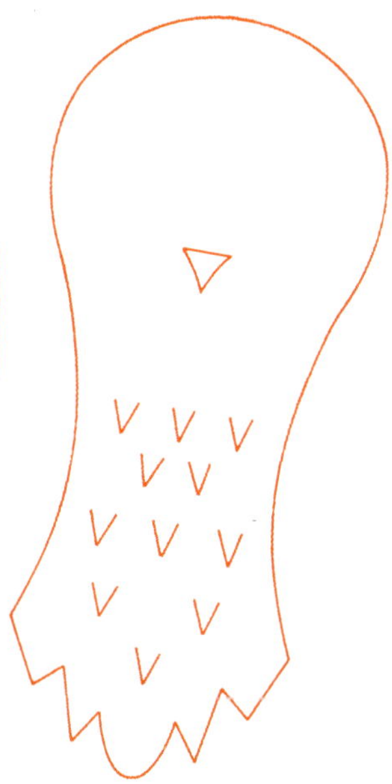

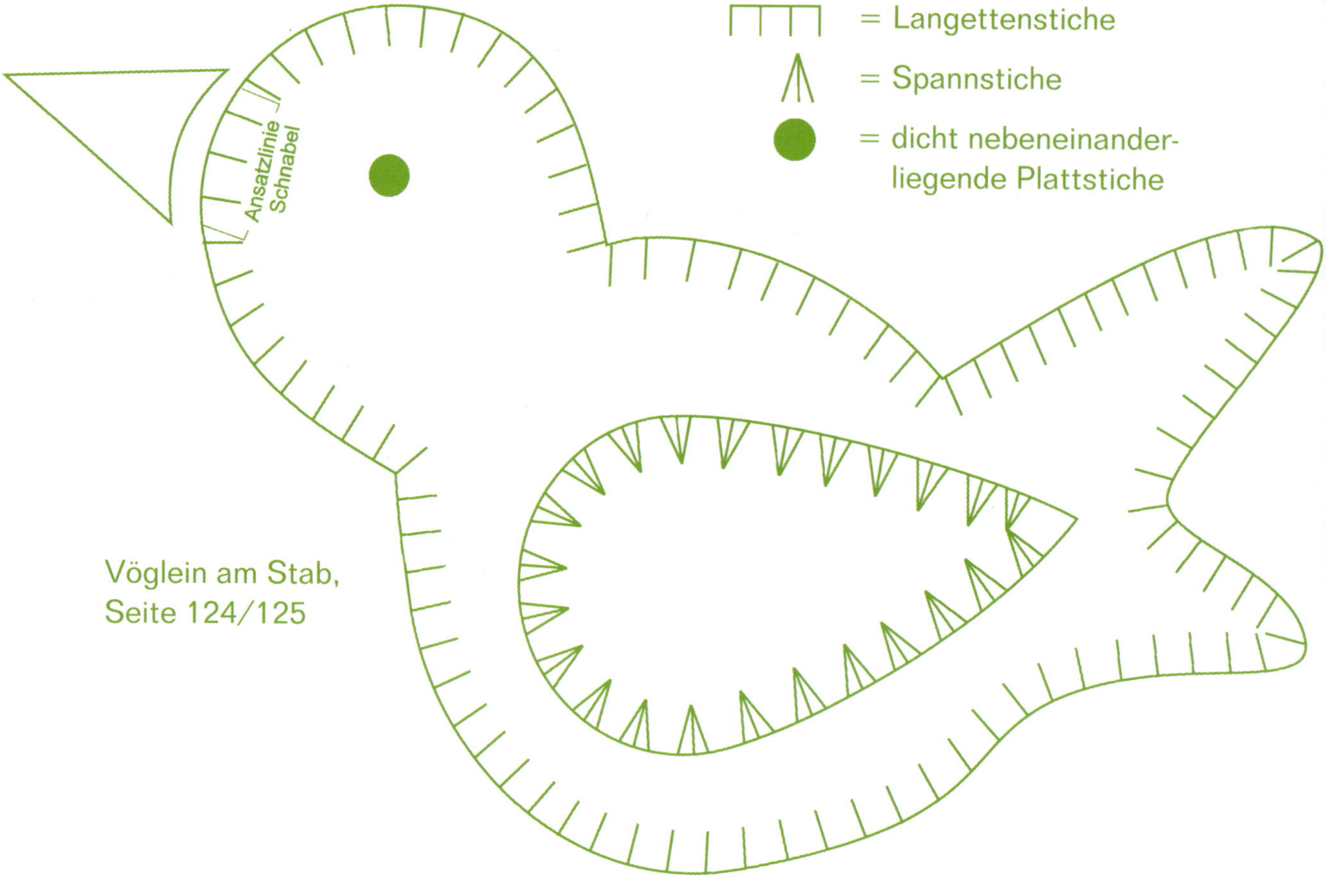

= Langettenstiche

= Spannstiche

= dicht nebeneinander-
liegende Plattstiche

Vöglein am Stab,
Seite 124/125

Adventsschmuck,
Seite 118/119

Zum Muttertag,
Seite 134/135

1 = Weiß
2 = Pink
3 = Mittelgrün
4 = Gelbgrün

A = Spannstiche
B = Kettenstiche
C = Rück/Steppstiche
D = Blätter mit Spann-
stichen ausfüllen

Impressum

Konzept und Redaktion: Erika Schuler-Konietzny

Lektorat: Regina Sidabras

Entwurf + Realisation: Nelli Bolgert (S. 87, 91); Design Studio Coats (S. 23, 79, 81, 83, 85, 89, 115, 117, 119, 129); Henriette Foldenauer (S. 61–71, 101, 103); Inge Glaser-Engelmeier für Schachenmayr (S. 29); Petra Hassler (S. 33); Sabine Heimann (S. 41); Beate Hilbig für Design Studio Coats (S. 93); Christiane Käsmayr für Design Studio Coats (S. 73); Ruth Kindla (S. 109); Simone Raab für Design Studio Coats (S. 111); Carolin Schwarberg (S. 10–13, 15); Ute Staudacher für Design Studio Coats (S. 133, 135); Erika Schuler-Konietzny (S. 105); Elke Selke (Seite 27, 131); Elke Selke für Design Studio Madeira (S. 125); Gundula Steinert/S. Heimann (S. 41, 43); Gundula Steinert/Ursula Mäding (S. 45); Gundula Steinert (S. 45, 47, 127); Babette Ulmer (S. 35)

Realisation: Irene Wagner (S. 15)

Entwurf, Realisation + Foto: Design Studio Coats (S. 107)

Fotos: Uwe Bick (S. 111; 125); Coats Design (S. 115); Henriette Foldenauer (S. 102); Uli Glasemann (S. 9, 23, 49, 72/73, 79, 81, 85, 93; 101, 103, 109, 116/117,129, 133, 135), Artur Müller (S. 25, 31, 41, 83, 89; 109,115, 119, 132); Sabine Münch (S. 27, 35); HD Neff (S. 21); André Noll (S. 87, 91); Inge Ofenstein (S. 61–71); Dieter Prell (S. 54–59); Christine Rosinski (S. 15, 33); Carolin Schwarberg (S.10–13, 74–75); Uwe Schotte (105); Fotostudio Wehinger (S. 29, 127)

Styling: Henriette Foldenauer (54–59); Ursel Fischer (105); Kirsten Galle (S. 29, 127, 135); Eva Hauck (S. 27, 35); Ulrike Harter (S. 49, 93; 129); Ulrike Hundhammer (S. 61–71); Christiane Käsmayr (S. 73, 116/117, 119, 132); Tanja Medweth (Seite 21); Eva Moje (S. 15, 33) André Noll (S. 87, 91); Elke Reith (Seite 23, 79, 83, 85, 101, 103,); Karin Schlag (S. 25, 31, 41, 53, 89, 109, 111, 115, 125, 133, 135)

Technische Zeichnungen: Brigitte Fischer (S. 76/77, 112/113, 122/123); Henriette Foldenauer (S. 6–9, 14, 16–19, 24; 95–100); Elisabeth Stadler (S. 20); Tina Börlin (S. 36–39)

Illustrationen: Corina Beurenmeister

Umschlaggestaltung: Aurélie Lambrecht

Satz und Layout: GrafikwerkFreiburg

Repro: Meyle+Müller GmbH & Co. KG, Pforzheim

Druck und Bindung: Himmer AG, Augsburg

6. Auflage 2012

ISBN 978-3-8410-6041-9

Art.-Nr. OZ6041

Der Verlag hat die größtmögliche Sorgfalt walten lassen, um sicherzustellen, dass alle Angaben und Anleitungen korrekt sind, kann jedoch im Falle unrichtiger Angaben keinerlei Haftung für eventuelle Folgen, direkte oder indirekte, übernehmen. Die gezeigten Materialien sind zeitlich unverbindlich. Der Verlag übernimmt für Verfügbarkeit und Lieferbarkeit keine Gewähr und keine Haftung.

Farbe und Helligkeit der in diesem Buch gezeigten Garne, Materialien und Modelle können von den jeweiligen Originalen abweichen. Die bildliche Darstellung ist unverbindlich. Der Verlag übernimmt keine Gewähr und keine Haftung.

Hersteller

Alle angegebenen Materialien sind im gut sortierten Handarbeitsfachhandel sowie bei Spezialversendern erhältlich.

Dank

Der Verlag dankt folgenden Firmen für die freundliche Unterstützung: Coats GmbH, Junghans-Wollversand, Schoeller Süssen GmbH und Lang Yarns

Kreativ-Service

Sie haben Fragen zu den Büchern und Materialien? Frau Erika Noll ist für Sie da und berät Sie rund um alle Kreativthemen. Rufen Sie an! Wir interessieren uns auch für Ihre eigenen Ideen und Anregungen. Sie erreichen Frau Noll per E-Mail: **mail@kreativ-service.info** oder Tel.: **+49 (0) 5052/91 18 58** Montag–Donnerstag: 9–17 Uhr / Freitag: 9–13 Uhr

Besuchen Sie uns im Internet: **www.christophorus-verlag.de**